판단 **디톡스**

생각·비판·분노·두려움으로
가득 찬 내 마음 해독법

판단 **디톡스**

가브리엘 번스타인 지음
변희정 옮김

터치아트

차례

우리는 왜 판단을 하는가

이 글을 쓰는 지금 머릿속을 떠나지 않고 맴도는 한 가지 생각 때문에 손가락이 떨려온다. '내가 어떻게 《판단 디톡스》라는 책을 쓴다는 말인가? 나야말로 매사를 판단하고 평가하는 사람이 아닌가!'

하지만 나는 책을 쓰기로 약속했고, 마감을 지켜야 한다. 심호흡을 하고 다시 마음을 가다듬는다. 차분히 앉아 두 손을 키보드 위에 올린다. 깊게 숨을 들이마시고 타이핑을 이어간다.

숨을 크게 내쉬고 마음을 가볍게 먹기로 한다. 내 안의 판단과 싸워온 이야기를 있는 그대로 진실하게 전할 때 더 좋은 책이 완성될 것을 믿는다. 내가 겪은 시련은 우리 모두의 이야기이기도 하다. 아무리 영적이고 선하며 정이 많은 사람이라도 판단에서 자유롭기란 결코 쉬운 일이 아니다. 우리는 늘 판단하며 살아가고 있다.

영성 지도자로서 나는 어떤 경우에도 진실하고자 한다. 그래서 고백하자면, 나는 날마다 내 안의 판단과 씨름한다. 누구를 만나든, 어떤 일을 겪든 나는 다양한 방법으로 판단을 내린다. 타인의 정치적 견해에 따라 그들을 판단하고, 지인들이 소셜 미디어에 올리는 피드와 댓글로 그들을 판단한다. 사람들이 아이를 훈육하는 방법을 두고 왈가왈부하거나, 줄 서서 기다릴 때 너무 굼뜨게 움직인다는 이유로 앞줄의 여자를 판단하기도 한다. 내가 원하는 것과 다른 반응을 보이는 남편을 판단하는가 하면, 내가 하는 모든 일도 나의 판단 대상이 된다.

오랜 세월 동안 나는 판단하는 습관을 정당화하거나 합리화하고, 딱히 나쁜 뜻은 없었다고 무시했다. 타인을 판단하거나 평가할 때 우리는 자신이 옳다고 확신하기 쉬운데, 특히 상처받거나 불안하거나 나약해질 때 이런 감정에 빠지기 쉽다. 타인을 판단하면서 자신이 우월하고 깨어 있다는 기분을 느끼기 때문이다.

그러나 이런 기분은 금세 사그라지게 마련이다. 사람들을 판단하는 일이 반복되다 보면 나는 오히려 기운이 빠지고 감정이 어두워진다. 또한 마음이 불편하고 외로움이 깊어지며 내가 추구하는 인간상에서 멀어지는 느낌을 받을 뿐이다.

내가 이 책에서 말하고자 하는 판단의 정의는 명료하다. 바로 사랑과의 단절이다. 자신을 다른 사람들과 구분 짓는 순간, 우리는 인간의 진정한 본성인 사랑과 멀어지는 잘못된 신념 체계를 갖게 된다. 사실 우리는 가슴속 깊이 사랑과 연민을 품고 있는 따뜻한 존재다. 종교에서는 이런 진실한 상태를 '불성'이나 '영혼', '근원', '신'이라고 표현한다. 이 책에서는 '사랑'이라고 부를 것이다.

사랑과의 단절은 동네 놀이터에서 벌어지는 집단 괴롭힘에서부터 조직적인 인종차별, 외국인 혐오주의에 물든 세계 지도자의 등장이나 테러리즘에 이르기까지 모든 사건의 근본 원인이다. 분열의 시대에 살고 있는 우리에게 단절은 당연한 것이 되었다. 누군가가 나를 공격한다 싶으면 우리 역시 복수로 대응한다. 외부의 공격에 맞서 싸우고 자신을 지키는 것이 정당하게 느껴진다. 그러나 이러한 행동은 더 큰 분열을 불러오고 문제를 악화시킬 뿐이다. 안타깝게도 인터넷은 이런 현상을 부추기는 역할을 한다. 남녀노소를 불문하고 소셜 미디어상에서 타인에게 사이버 폭력을 가하다 돌이킬 수 없는 결과를 낳는 사건이 심심찮게 벌어진다. 부정적인 내용의 게시물이나 집단 괴롭힘 때문에 자살하는 학생들의 이야기는 차치하더라도, 행복하게 살고 있으면서도 소셜 미디어에 올라오는 꾸며진 사진 속의 삶과 자신의 삶을 비교하면서 우울감에 빠지기도 한다.

영성 공부를 시작해서 지도자가 된 지금까지 10년이 넘는 세월 동안 내가 느끼는 두려움, 판단하고 구분 짓는 습관을 있는 그대로 마주하려 애써 왔다. 의지를 갖고 진실한 태도로 마주함으로써 온갖 형태의 판단으로 힘겨워하던 나 자신을 치유할 수 있었다. 나는 이 책을 통해 내가 겪은 시련을 솔직하게 털어놓고 나에게 도움이 되었던 가르침을 나누려고 한다.

나는 나에게 큰 위안을 준 그 가르침들을 날마다 실천하려고 노력하면서 기적 같은 변화를 경험했다. 확실한 것은 기적이란 내 안의 모든 판단을 제거하는 것이 아니라 내가 판단으로부터 자유로워지는 것이라는 사실이다. 아직도 타인을 판단하려는 습관이 나를 괴롭히지만, 그것은 나의 참모습이 아님을 영성 수련을 통해 깨닫게 되었다. 판단에서 벗어나 사랑을 회복하는 여정을 시작하려면, 우리 모두 같은 문제를 겪고 있고 그것에는 같은 해결책이 있다는 사실을 인정해야 한다. 문제는 우리가 사랑에서 멀어진 것이고, 해결책은 사랑으로 돌아가는 것이다.

우선 어쩌다 우리가 사랑과 단절되었는지 생각해보자. 영적인 관점에서 봤을 때 우리의 단절된 삶은 내면의 두려움을 먹고 사는 에고ego, 자아 때문에 사랑과 공감, 일체감에서 분리되어 방황하게 된 순간부터 시작되었다. 사랑과의 단절은 깊이 상처받은 경험에서 비롯하기도 하지만, 언뜻 보기에 대수롭지 않은 일 때문에 일어날 수도 있다. 계기가 무엇이든 스스로 다른 사람들과 다르거나 어딘가 부족하다고 인식하는 순간 우리는 사랑에서 멀어진다. 이런 단절은 유아기 때부터 일어나는 경우도 있다. 아무도 돌봐주지 않는 적대적인 환경에서 태어나 방치되면 아이들은 위험한 세상에서 누구도 자신을 지켜줄 수 없다는 믿음을 갖게 된다. 어린 시절 인종이나 종교, 성별이 다르다는 이유로 차별당한다고 느낀 순간 사랑과 멀어질 수도 있다. 그런 순간에 일체감은 사라지고 분열된 세상을 보게 되는 것이다.

어릴 때 누구나 한 번쯤은 멍청하다, 나약하다, 못생겼다는 식의 말을 듣거나 자신의 부족한 점에 대해 지적받은 경험이 있을 것이다. 그러면 스스로 남들과 다르다고 생각하게 되고, 타인과 자신을 분리해서 생각하며 세상에 혼자 남은 듯한 외로움을 느끼게 된다. 반대로 특별해지거나 다른 사람들보다 '우월한 사람'이고 싶다는 욕망에서 사랑과의 단절이 시작되기도 한다. 예를 들어 돈 많은 사람들이 특권을 누리며 사는 모습을 보고 자란 아이라면 부자는 특별하다는 왜곡된 생각을 하게 된다.

사랑에서 멀어진 사연은 제각각 다르지만 그 결과로 느끼는 감정은 서로 다르지 않다. 바로 두려움이다. 사랑과의 단절은 충격적인 사건이며, 정신적으로 충격을 받으면 우리는 불안함을 느끼게 된다. 사람들은 그런 두려움에 대처하는 한 방법으로 타인을 공격하거나 판단하며 맞선다. 다른 사람을 판단하는 행위가 자신을 지켜주는 튼튼한 보호벽이 될 수 있다고 믿기 때문이다.

에고가 내는 두려움의 목소리는 우리가 서로 다르다는 믿음을 자양분 삼아 자라난다. 영적 주제를 다룬 책《기적수업A Course in Miracles》에서는 에고는 우리가 타인과 비교해 특별하지 않다거나 혹은 훨씬 특별한 존재라고 믿게 함으로써 분열을 심화시킨다고 말한다. 이때 '특별함'이란 누군가가 자신보다 돈을 더 많이 벌거나, 매력이 넘치거나, 많은 것을 성취해 유명해졌거나, '특정' 인종이나 종교에 속해 있으므로 특별하다고 느끼는 것을 의미한다. 반대로 자신보다 부족해 보이는 사람들 앞에서 특별한 듯 우월감을 느끼는 심리도 마찬가지다. 이렇게 특별함을 기준으로 구분 지으며 세상을 바라보면 판단이 먹구름처럼 생겨나 내면의 빛이나 타인과의 연결 고리를 가로막아버린다.

특별함에 의존할 때 에고는 우리가 느끼는 단절의 고통을 막기 위해 '특별한 관계'를 이용한다. 사랑이라는 진실에서 멀어진 결과, 우리는 일종의 죄책감과 함께 내면의 불완전함을 느끼게 된다. 이때 우리는 다른 사람에게서 위안을 찾고자 한다. 누군가가 우리를 '완전'하게 채워줄 수 있다고 생각하면서 진실에서 멀어진 자신의 죄책감을 다른 사람을 통해 해소하려고 한다. 그런 가운데 특별한 관계가 형성된다.

특별한 관계는 삶 곳곳에서 나타난다. 예를 들어 힘든 시기를 잘 이끌어준 스승이나 멘토를 존경하는 마음에서 그들을 특별하게 여길 수 있다. 연인을 우상화해 그의 사랑이나 관심 없이는 살 수 없을 것처럼 느끼기도 한다. 한편, 자식이 부모를 각별하게 생각하는 것처럼 특별한 관계여도 나쁠 것 없어 보이는 경우도 있다. 그러나 아무리 우리를 한없이 보살펴주고 영감을 준다고 해도 가족이 우리의 구원자가 될 수는 없다.

특별하다고 믿었던 존재도 결국에는 어떤 식으로든 우리를 실망시킬 것이다. 어쨌든 그들도 인간이기 때문에 그들의 에고가 강하게 나타날수록 우리는 좌절하고 외로워진다. 그런 일을 겪다 보면 처음에 느꼈던 사랑에서 멀어진 느낌이 더욱 깊어진다. 그러면 그동안 특별하다고 생각했던, 혹은 특별하기를 바랐던 사람이 실은 자신이 생각했던 사람이 아니었다고 판단하게 될 것이다. 우상이 몰락하면 우리도 함께 쓰러진다. 자신의 행복이나 고통의 이유를 다른 누군가에게서 찾는 순간, 그들에게 우리의 죄책감을 전가하게 되고 그로부터 판단의 악순환이 시작된다.

판단의 악순환

우리의 본성은 사랑이다. 그러나 대개 어린 시절 외부로부터 경험한 사건 때문에 사랑이라는 본질과 멀어지고, 사랑과의 단절에서 비롯된 특별함 또는 무능함이라는 감정은 외로움으로 이어져 마침내는 두려움이 된다. 우리는 스스로를 보호하기 위해 비판이나 판단의 형태로 두려움을 외부에 투사한다.

　인간은 사랑하며 사는, 서로 연결된 존재라는 사실을 우리는 이미 알고 있지만 사랑과 단절된 탓에 마치 꿈속에서 헤매듯 자신의 참모습과 연결된 고리를 끊어놓은 채로 살아간다. 이때 안정감을 느끼기 위해 에고가 판단을 바탕으로 만들어낸 거짓된 '자신'의 모습을 진짜라고 믿게 된다.

　미처 깨닫지는 못해도 마음 깊은 곳에서 우리는 사랑이라는 진실

에서 멀어진 자신을 비난하고 부끄러움과 죄책감을 느낀다. 무의식적
인 죄책감은 너무 괴로워서 우리는 고통을 피하고자 그 책임을 외부
로 전가하고 타인을 판단하면서 자신의 죄책감을 부인하고 억누른다.
그러나 이것이 우리의 진짜 모습이 아님을 알고 있기 때문에 잠재의
식 속에서는 더 큰 죄책감을 느낀다. 결국 이 잔인한 과정은 끊임없이
반복된다.

　판단이야말로 우리가 고립감과 슬픔, 외로움을 느끼는 가장 큰 이
유다. 이 시대의 대중문화와 미디어는 사회적 지위와 외모, 인종, 종
교, 물질적 부에 엄청난 가치를 부여하고, 이러한 현상은 평범한 개인
들을 부족하고 불완전한 존재로 느끼게 만든다. 결국 사람들은 불안
과 불만족, 무가치함이라는 고통스러운 감정에서 자신을 보호하기 위
해 끊임없이 판단을 이용하게 된다. 자신이 결핍을 느끼는 원인을 들
여다보는 것보다 타인을 조롱하고 비하하며 판단하는 편이 더 쉽기
때문이다.

판단 중독

판단은 뿌리 깊은 트라우마에 대한 방어기제로, 중독성이 강하다. 우
리가 처음 겪는 트라우마는 사랑과의 단절이다. 사랑 대신 두려움이
나 단절을 선택하면 본질에서 멀어질 수밖에 없다. 내면의 본성에 닿

아 있던 연결 고리를 잃어버린 채 자기도 모르게 내면의 목소리를 등지고 겉으로 드러나는 모습에 집착하기 시작한다.

스스로 사랑을 저버렸다는 사실을 무의식적으로 알고 있기 때문에 죄책감과 슬픔에 휩싸이지만, 사랑과 단절된 상태에서는 이 죄책감이 어디에서 오는지 도저히 파악할 수 없고, 그저 그 감정에서 벗어나기 위해서는 뭐라도 해야 하는 것이다. 이것이 판단이 중독 증상으로 나타나는 과정이다.

다른 사람에게 죄책감과 고통을 전가해 회피하는 방법은 마취제나 마찬가지다. 효과 좋은 진통제처럼 고통을 마비시키고 다른 곳으로 주의를 돌리게 해준다. 심지어 약에 취한 듯 기분이 좋아지기도 한다. 쉬운 예로 험담을 들 수 있다. 친구들과 모여 다른 사람을 깎아내리듯 이야기하면서 우리는 마음속 깊은 곳에 있는 자신의 상처를 외면한다. 독선에 빠져서 자신의 고통을 잊고 다른 사람의 아픔에서 위안을 얻으려고 한다. 험담이 특히 나쁜 까닭은 여럿이 모여 모든 고통을 어느 한 사람에게 전가하는 행위가 마치 다른 사람들과 소통하고 있다는 환상을 심어주기 때문이다.

험담을 하다 보면 자기 판단과 자기 비하에서 벗어나 잠시 위안을 얻을 수 있기 때문에 기분이 나아지기도 한다. 하지만 자기 비하 스토리는 온종일 다양하게 반복된다. '난 늘 이 모양이야.' '왜 그런 실수를 했지?' '난 왜 이렇게 못생겼을까?' '난 아직 멀었어.' 등 스스로 비하하는 생각도 일종의 중독 증상이다. 여기서 주목할 것은 자기 비하를 끊임없이 반복한다는 점이다. 왜 그럴까? 치유의 여정에 오르려면 먼저 불편한 진실을 인정해야 하는데, 그 여정이 너무 두려워서 남을 험담하거나 자신을 깎아내리고 마는 것이다. 상처를 마주하고 고통을 느끼는 것보다 스스로 피해자라고 여기며 진실을 외면하는 편이 쉽고 안전하다고 생각하기 때문이다.

우리는 마음의 안정을 간절히 바라면서도, 판단하는 태도가 문제의 핵심이라는 점은 부인한다. 오히려 판단하는 행위가 자기를 보호하기 위한 해결책이라 여긴다. 내면의 고통과 시련을 마주하기가 너무 두려운 탓에 무의식적으로 가장 깊은 상처가 드러나지 않도록 판단을 이용하는 것이다.

초자연적인 진리를 설파하는 영성 지도자 에스더 힉스Esther Hicks는 "어떤 생각을 끊임없이 거듭하면 신념이 된다."라고 했다. 인간은 반복해서 드는 생각과 옳다고 믿는 신념을 바탕으로 자기만의 세상을 창조한다. 판단이 사고 체계의 중심에 있을 때 우리는 불안해지고 공격받는다고 느껴 방어적으로 대응한다. 판단하는 습관을 바꾸고 싶다면 내면의 근원적인 사고 체계부터 바꾸어야 한다. 우리의 목표는 우리가 떠나온 곳, 사랑으로 돌아가는 길을 찾는 것이다.

판단 디톡스 6단계

사랑과 멀어진 순간부터 우리는 나쁜 꿈속에서 살고 있으며, 자기중심적으로 판단하는 습관 때문에 더욱더 그 꿈에서 빠져나올 수 없다. 판단하는 습관을 치유하려면 일단 꿈에서 깨어 평화로운 상태로 돌아가야 한다.

　나는 판단하는 습관을 자각하게 되면서 비로소 깨어났다는 느낌이 들기 시작했다. 차분히 내 행동을 바라보니 그동안 별 뜻 없고 대수롭지 않게 여겼던 판단도 부정적인 표현이나 공격만큼 파괴적이었다. 판단의 악순환에 갇혀 있으면서 느낀 죄책감을 더는 외면할 수 없었다. 억지로 극복하려고 하거나 덮어놓고 나중으로 미루지 않고 내 안의 생각을 똑바로 마주하기로 했다. 그렇게 나는 치유를 위한 여정에 올랐다. 판단의 악순환을 끊으려면 오랫동안 고수해온 사고방식을 포기해야 할 수도 있음을 잘 알고 있었지만, 치유를 위해 영적 성장의 과정을 스스로 체험하면서 내 안의 판단을 완전히 치유할 방법을 탐구해 나갔다. 엄청난 고통의 원인이었던 판단하는 습관에서 벗어나 평화로운 상태로 돌아가는 여정이었다.

　치유의 과정에서 내가 만들고 경험한 여섯 단계 수련법을 이 책에 소개하려고 한다. 나는 지금도 이 방법을 매일같이 실천한다. 두려움을 떨치고 판단을 내려놓고자 수련하면서 나는 몇 가지 중요한 사실을 깨달았다.

첫째, 나의 판단을 완전히 버리지 않아도 된다. 판단이 필요한 경우도 많다. 안전한 것과 위험한 것은 구별할 줄 알아야 하니까. 그리고 도덕적으로 옳은 것은 마땅히 존중해야 한다. 이 수련은 '무엇을 먹을지', '누구를 만날지', 또는 '어떤 차를 사야 할지'와 같은 판단들에는 딱히 영향을 주지 않는다. 사실 이런 행위들은 분별력이나 개인적인 취향의 영역이다. 판단의 잣대 없이도 우리는 논리와 직관으로 무엇이 옳은지 구별할 수 있다. 다만 단죄하고 비난하는 습관은 반드시 버려야 한다. 분별력과 판단은 본능적으로 구분할 수 있다. 기분이 좋지 않고 방어적인 태도로 움츠러들거나 두렵고 공격받는 느낌이 든다면 사랑에서 멀어져 두려움을 선택했다는 신호다.

둘째, 타인을 판단하면서 우리는 자기 마음속의 어두운 면을 비난한다. 내가 견디기 힘들거나 싫어하는 다른 사람의 모습은 곧 내가 싫어하는 나의 모습이거나 외면하고 싶은 마음 깊은 곳의 상처다. 생각지도 못한 자신의 상처가 다른 사람 때문에 떠오를 때 문제의 본질을 마주하기보다는 상처를 자극한 사람을 비난하는 편이 더 쉽다.

셋째, 누군가를 판단하고 나면 잠시 동안 취한 듯 기분이 좋아지기도 하지만, 결국에는 아주 고약한 숙취와 후유증이 남는다. 에너지가 저하되고, 육체적으로나 정신적으로 나약해진다. 판단은 모든 영감과 사랑으로부터 우리를 고립시켜 외로운 존재로 만든다.

마지막으로, 나는 복잡하고 견고해 보였던 판단의 족쇄를 푸는 방법이 의외로 단순하다는 것을 발견했다. 고통스럽고 힘들더라도 모든 두려움을 직시하고 드러내면 된다. 이 책에서 안내하는 대로 판단을 드러내면 자신의 감정과 새로운 관계가 시작될 것이다. 마치 해독 요법처럼 독소를 배출하면 건강해지는 원리다. 새롭고 깨끗한 상태에 도달하면 판단하는 습관이 어떻게 나 자신에게 상처를 주었는지 깨닫고 대응법도 직관적으로 알게 된다.

판단과 관계 맺는 방식을 개선하고 치유하려는 노력은 내 인생을 뿌리째 바꿔놓았다. 내 안의 판단하는 습관을 깨닫자 더욱 신중하고 의식 있는 사람이 되었고, 생각을 바꾸려 노력하자 자유를 얻었다. 분노와 질투를 내려놓고 내면의 고통을 호기심과 사랑의 눈길로 마주하게 되었으며, 다른 사람이든 나 자신이든 훨씬 쉽게 용서하게 되었다. 가장 큰 변화는 내 판단과 건강한 관계를 유지하여 판단이 개입하는 순간을 얼른 알아차리고, 이 수련법을 이용해 사랑의 상태로 재빨리 돌아갈 수 있게 되었다는 점이다.

판단 디톡스는《기적수업》과 쿤달리니 요가, 감정자유기법, 명상, 기도 등의 영적 가르침에 담긴 원칙들을 응용한 여섯 단계의 소통 과정이다. 나는 그 원칙을 일상생활에 쉽게 적용하고 실천할 수 있도록 재해석했다. 각 단계의 가르침은 서로 유기적으로 연결되어 우리를 진정한 치유에 이르게 한다. 이 과정을 따라 에고가 붙들고 있는 두려움을 기꺼이 내려놓는다면 고통과 시련은 사라질 것이다.

본격적으로 시작하기에 앞서 총 6단계로 구성된 수련 과정을 간략하게 소개한다.

Step 1: 관찰, 판단을 판단 없이 바라보라

매사에 판단 내리는 습관이 감정에 어떤 영향을 주는지 알아차리자 곧 내 삶이 정체된 이유를 깨달을 수 있었다. '판단하는 나'는 슬프고 나약하며 세상과 단절된 기분을 느꼈으며, 이는 신체적 고통으로까지 이어졌다. 판단이 나에게 미치는 영향을 한 발짝 물러나 바라보니 그동안 내가 얼마나 큰 행복을 놓치고 있는지 제대로 이해할 수 있었다.

사람들은 자신이 판단하는 행위에 얼마나 익숙해져 있는지 인지하지 못한다. 왜냐하면 판단하는 행위조차 우리에게 판단의 대상이 되기 때문이다. 다소 이상하게 들릴 수 있지만 우리는 늘 판단을 판단의 눈으로 바라본다. 그래서 자신의 판단과 행동을 스스로 비난하거나 부끄러움을 느끼기 쉽다. 자신의 내면을 정직하게 관찰하려면 스스로 내린 그 어떠한 판단이라도 그것을 사랑의 눈으로 바라보려는 '나' 자신을 존중해야 한다. 판단으로부터 자유로워지는 길은 판단을 또 다른 판단 없이, 있는 그대로 바라볼 수 있을 때 비로소 열린다. 내 안의 생각과 감정을 사랑의 눈으로 바라볼 때 비로소 치유가 시작되는 것이다.

첫 번째 단계는 자신이 내리는 판단들과 친숙해지는 과정으로써 무엇이 그런 생각을 자극하는지, 판단이 감정에 어떤 영향을 미치는지 정직하게 대면하고 받아들이는 과정이다. 당신이 내리는 수많은 판단의 불씨가 된 이야기를 찾아 과거를 탐험할 것이다. 그렇게 하면 그것들이 어떻게 당신의 그림자를 붙들고 있었는지, 또한 사랑과 멀어지게 했는지 이해할 수 있을 것이다. 자신의 행동을 솔직하게 점검하는 것은 첫출발에서 꼭 해야 할 일이다. 그래야 다음 단계인 치유로 나아갈 수 있다. 판단을 비우는 여정은 솔직하게 자신을 살펴보는 데서 시작된다.

Step 2: 태핑, 마음을 다스리는 기법

내면의 그림자를 드러내고 존중하는 것이 판단과의 관계 개선을 위한 두 번째 단계이다. 이 단계에서는 감정자유기법이라는 대단히 효과적인 도구를 소개한다. EFT^emotional freedom techniques 또는 태핑tap-ping으로도 알려진 감정자유기법은 감정 건강을 향상할 수 있도록 도와주는 심리 치료 지압법으로, 판단하는 습관 이면에 숨어 있는 감정 문제의 근본 원인을 해결하는 훌륭한 방법이다.

태핑은 우리 몸에서 에너지가 지나가는 경혈점을 자극하는 요법이다. 경혈점을 자극하면 공격, 회피, 공포 반응을 일으키는 뇌 조직인 편도체로 진정 신호가 전달된다. 안심해도 된다는 메시지가 편도체에 전달되면 감정 상태에 큰 변화가 일어난다. 이 책에 소개한 태핑 스크립트는 사람들에게 흔히 문제를 일으키는 요인을 해소할 수 있게 도와준다. 그 순서에 따라 경혈점을 자극하다 보면 스트레스를 유발하는 특정 감정을 다스릴 수 있을 것이다. 태핑만으로도 놀라운 치유 효과를 경험할 수 있다.

마음을 효과적으로 다스리고 안정시키는 방법인 감정자유기법을 판단 디톡스의 두 번째 단계에서 소개한다.

Step 3: 기도, 사랑을 회복하는 의식

판단을 판단 없이 직면하고, 감정자유기법을 활용해 자신의 상처를 존중하는 방법을 배웠다면, 그다음 단계는 기도를 통해 나의 판단을 내 맡기는 의식을 치르는 것이다. 이 과정에서 중요한 점은 자신보다 위대한 힘과 관계를 형성하는 것이다. 그 힘의 존재에 영적으로 의지하는 과정에서 주관적인 판단들은 사랑의 힘에 의해 눈 녹듯 사라진다.

유난히 내려놓기 어려운 판단들도 있다. 너무 확고해져서 떨쳐버리기 두렵고 불가능해 보이는 생각들도 있을 것이다. 그럴 때 기도의 힘을 빌리자. 온전히 혼자 힘으로만 수련에 임해야 하는 것은 아니다. 우리보다 더 위대한 힘이 우리를 안내하고 도와줄 것이다. 움켜쥐고 있던 판단들을 기도를 통해 놓아 보내면 내 어깨를 짓누르던 부담이 줄어든다. 동시에 기꺼이 어떤 사람이나 상황을 다르게 보려고 한다는 의지를 온 우주에 알리게 된다.

기도를 하면 생각이 바뀌고 곧 자신의 판단과 감정을 사랑과 연민의 눈으로 바라보게 될 것이다. 어떤 상대에게서 또는 특정 상황에서 도무지 장점을 발견할 수 없다면 연민의 힘을 빌려보자. 연민과 판단은 공존할 수 없다. 연민은 판단의 해독제이기 때문이다. 누군가의 못마땅한 행동이나 상황을 연민 어린 마음으로 대하면 그 순간에 필요한 것은 위협이 아니라 사랑임을 알 수 있다. 마지막으로 자신도 연민으로 안아주는 시간을 갖자. 왜곡된 생각을 하게 된 이유는 어떤 식으로든 사랑을 갈구했기 때문이니까.

Step 4: 수용, 처음처럼 바라보라

기도하고 연민이 생기면 다른 사람을 판단하던 방식을 바꿀 준비가 된 것이다. 우리는 과거의 경험을 현재에 투영해 타인은 물론 자신까지도 판단하게 된다. 그러나 누군가를 처음 만난 듯 순수하게 바라보면 그에게 투영한 그릇된 인상과 나를 고립시킨 잘못된 생각을 떨쳐버릴 수 있다. 과거의 관점으로 누군가를 재단하는 것을 멈추고, 판단 대신 사랑이 필요함을 알아차리게 될 것이다.

다른 사람들을 인생이라는 교실에서 나에게 깨우침을 주는 선생이라고 생각하면 그들을 향한 왜곡된 생각이 사그라들기 시작할 것이다. 그러면 상황을 다른 관점으로 보게 된다. 그동안 자신이 과거의 경험을 현재에 끌어들이던 방식을 똑바로 인식하면 그릇된 선택을 되돌릴 수 있다. 그러한 습관이 사라진다면 얼마나 자유로워질지 상상해보자. 누군가를 처음처럼 바라보는 경험을 하면 깊은 위안을 얻는다. 판단 대신 사랑이라는 본성으로 돌아가니 마음도 편안해진다. 그동안 미워했던 누군가를 사랑의 빛으로 바라보면 영혼의 일체감을 느끼는 기적을 경험할 것이다. 우리는 모두 두려움이라는 상자에 갇혀 절박하게 출구를 찾고 있다는 사실을 기억하자. 출구는 오직 사랑뿐이다.

Step 5: 명상, 외부와의 연결을 끊어라

다른 사람을 처음처럼 바라보는 법을 배우면 명상이라는 강력한 실전에 돌입할 준비가 끝난다. 나는 명상 방석에 앉아서 최고의 치유를 경험했다. 고요함 속에서 모든 단절감이 눈 녹듯 사라지고 일체감이 회복되었기 때문이다. 다섯 번째 단계에서는 판단과의 관계를 치유할 시각화 명상과 쿤달리니 명상, 만트라 명상을 배운다.

여섯 가지 명상을 하루에 하나씩 순서대로 6일 동안 실천한다. 각 명상이 하나씩 쌓이면 공격적인 생각을 내려놓고 내면의 본성과 다시 연결될 것이다. 명상을 마치면 자유롭게 글을 쓸 것이다. 펜 가는 대로 글을 쓰다 보면 내면의 지혜가 발현해 더 깊이 치유되고, 성장하기 위해 무엇을 알아야 하는지 드러난다. 그렇게 얻게 될 깨우침에 놀라지 마시길!

여섯 가지 명상을 다 해본 뒤에는 가장 마음에 드는 것을 선택해 매일 실천하자. 마음에 큰 위안을 얻고, 판단 디톡스 수련을 꾸준히 해나가는 데 명상이 큰 도움이 될 것이다.

Step 6: 용서, 그림자에 빛을 비춰라

마지막 단계는 그동안 스스로 만들어낸 판단에서 나를 놓아주는 것이다. 판단이 끼어들 때 필요한 것은 사랑뿐이다. 우리 안의 판단과 그로 인한 공격성이 나타나는 까닭은 마음속 깊은 곳에 자리 잡은 '사랑받지 못한다'는 생각에서 스스로를 지키고 싶기 때문이다. 이것이 공격성에 숨은 진짜 의도다. 나를 공격하는 것처럼 보이는 사람의 의도도 마찬가지다. 우리는 모두 사랑을 원한다.

사실 공격이나 두려움, 판단 등 어떤 형태의 단절이든 모두 도움을 청하는 신호다. 몸이 아프면 안정을 취해야 하는 것처럼 마음이 아프면 어루만져주어야 한다. 판단은 치유가 필요한 감정적 고통의 한 형태다. 모두가 고통이나 슬픔, 두려움에서 벗어나기를 바란다. 비뚤어진 생각에 사로잡힌 자신을 깨닫는 순간, 스스로 용서하면 자유로워질 수 있다. 그런 생각을 품은 자신은 물론이고 그 생각 자체도 용서해야 한다. 우리는 모두 자유로워지고 싶다. 자신의 판단을 판단 없이 바라보고, 사랑 대신 두려움을 선택했다는 사실을 인정하며, 스스로 찾던 도움의 손길에 마음을 열면 악순환의 굴레에서 벗어날 수 있다.

판단 디톡스는 사랑으로 모든 경계를 허무는 과정이다. 즉, 우리는 하나로 연결된 존재라는 진실을 다시금 일깨워준다. 사람들은 저마다 고통스러워하며 스스로를 무가치하고 쓸모없는 존재로 느끼지만, 모두가 같은 존재라는 동질성을 인식하는 순간 단절은 사랑으로 승화한다. 우리는 모두 내면에 비슷한 두려움을 지니고 있으며 동시에 사랑도 품고 있다. 그리고 두려움을 넘어 사랑을 선택할 수 있는 능력 역시 갖추고 있다. 존경하는 은사 케네스 왑닉Kenneth Wapnick은 이렇게 말했다. "두려운 꿈에서 깨어나 근원에 내재한 사랑으로 돌아가는 것이 우리 모두가 지닌 공통의 관심사다."

판단 너머의 세상

특별함에 대한 집착과 단절을 겪으며 왜곡된 생각을 하는 패턴에서 벗어날 준비가 되었다면 앞으로 다가올 변화를 기대해도 좋다! 판단을 내려놓고 내면의 조화와 일체감, 평화를 되찾는 길을 이 책이 보여줄 것이다.

단, 수련을 시작하기 전에 몇 가지 염두에 두어야 할 점이 있다. 첫째, 꾸준히 실천해야 한다. 여느 수련이 그렇듯 노력을 기울이는 만큼 결과도 좋아지는 법이다. 둘째, 변화 과정을 기록하길 바란다. 그리고 성공의 순간을 주저 없이 자축하자. 내면이 건강해질수록 에고가 우리의 성장을 방해하려고 할 것이다. 이때 의식적으로 자신의 변화를 자축하면 수련 과정을 의심하거나 비하하는 일을 피할 수 있다.

또한 에고가 몰래 개입하지 않도록 주의를 기울이는 것도 중요하다. 자신의 어두운 그림자에 빛을 비출 때 에고는 더욱더 격렬히 저항한다. 에고가 거세게 저항할 것임을 지금 미리 숙지해두자. 그러면 에고가 개입할 때 좀 더 의연하게 대처할 수 있을 것이다. 에고는 우리의 회복을 부정하고 당신이 이룬 성취에 대하여 끊임없이 판단 내리려 할 것이다.

이 책에서는 여러분이 어떻게 시련과 고통을 초래했는지 자세히 들여다보도록 할 것이며, 자신의 그림자를 보고 부정적인 패턴을 찾아내도록 자극할 것이다. 그럴 때 자기 비하의 감정이 나타난다. 그러면 두려운 마음에 전부 그만두고 싶어질 수도 있다. 이 위험성을 잘 새겨두면 나중에 에고가 저항할 때 쉽게 알아차릴 수 있다.

이 책을 읽다 보면 누구나 자기 비하의 함정에 빠질 텐데, 나 역시 이 책을 쓰는 내내 그런 기분에 시달렸다. 각 단계에 깊이 들어갈수록 마음속 의심의 목소리도 함께 커졌다. 그러나 나는 두려움의 목소리에 굴복하지 않고 단계마다 살아 숨 쉬는 사랑의 힘을 따랐다. 자기 비하의 목소리와 싸우는 최고의 방법은 수련에 더 깊이 몰입하는 것이다. 수련 단계를 거칠 때마다 또 다른 위안과 자유를 경험하게 될 것이니 그 과정을 믿고 꾸준히 실천하기 바란다.

여섯 단계의 판단 디톡스 수련으로 많은 것이 달라질 것이다. 치졸한 분노는 사라지고 공격성 대신 연민이 생기며 반항의 에너지는 자유로움으로 바뀌어 지금까지 경험해보지 못한 평화와 행복을 느낄 것이다. 이렇게 장담할 수 있는 이유는 내가 직접 경험했기 때문이다. 판단 디톡스 수련법을 만들고 실천하면서 나는 어느 때보다도 큰 자유와 기쁨을 느꼈다. 그러고 나니 기적의 연속이다. 마음의 상처가 회복되면 사랑을 거스르려 하지 않는다. 이 수련에 집중할수록 자신의 의식과 기운에 더 큰 사랑이 자리 잡을 것이다. 사랑과 조화를 이룰 때 좋은 것을 끌어당기는 힘에 의해 우리는 원하는 것을 더 많이 얻을 수 있다. 방어적인 판단에서 자유롭게 흐르는 사랑으로 기운이 이동하면 삶이 놀랍게 변화한다. 정확히 나에게 필요한 것을 끌어당겨 관계가 치유되고 몸이 건강해지며, 더 안정된 느낌이 들 것이다.

나는 모든 사람이 마음의 상처를 회복하도록 돕고 싶어 이 책을 쓰게 되었다. 사람들로 하여금 사랑의 힘과 다시 연결되도록 돕는 것, 바로 이것이 영성 운동가로서 내가 세상에 가장 크게 기여할 수 있는 점이라고 생각한다. 이 같은 변화가 일어나면 우리는 새로운 주파수로 공명하기 시작한다. 내 주파수를 바꾸면 가족과 이웃, 친구 등 주변 사람들에게 영향을 미친다. 한 사람의 기운이 바뀌면 온 세상에 잔잔하게 퍼져 나가기 때문이다.

더 많은 사람이 사랑의 기운을 발산하면 증오와 비판의 기운은 힘을 잃는다. 지금 이 시대에는 사랑을 향한 우리의 헌신이 필요하다. 모두가 분열되어 두려움과 분노, 트라우마에 시달리는 세상을 치유하기 위해서는 각자의 주파수를 바꾸는 방법밖에 없다. 판단 디톡스 수련은 단순히 더 행복해지거나 좋은 기운을 끌어당기는 방법이 아니라 세상을 치유하는 길이다.

우리는 모두 마음속에서 변화를 외치는 목소리를 느낀다. 그 목소리에 응답하는 가장 확실한 방법은 내면을 변화시키는 것이다. 그러면 연민과 용서의 마음으로 세상을 바라보고, 소셜 미디어에 글을 올릴 때나 얼굴을 맞대고 대화할 때 조금 더 신중해지며, 아이들에게는 더 모범적인 어른이 될 것이다. 사랑에서 우러나온 생각은 저마다 평화로운 저항이 되어 분노가 만연한 이 세상을 치유한다. 사랑이 넘치는 생각 하나가 기적을 만든다. 이 책의 안내에 따라 모든 벽을 허물고 사랑을 전파하며 기적이 넘치는 삶을 살기 바란다.

여러분의 여정을 지원하려고 내가 직접 만들고 수집한 여러 가지 자료가 있다. 이 책 곳곳에서 언급하겠지만 모두 내 홈페이지 GabbyBernstein.com/JudgmentDetox에서 찾아볼 수 있다. 그 외에도 내 홈페이지 자료실 GabbyBernstein.com/bookresources에 다양한 정보가 있으니 적극적으로 활용하기 바란다.

그럼, 시작해보자. 책장을 넘겨 판단 디톡스 수련의 첫 번째 단계로 발을 내딛자.

관찰

판단을 판단 없이 바라보라

2016년 11월 9일 아침, 대통령 선거 결과 발표와 함께 미국은 두 편으로 갈라섰다. 온 나라가 양극화되어 분열을 조장하는 캠페인에 휘둘리고, 두 정당은 네거티브 공세와 정치 공작, 그에 대한 '판단'들에 지칠 대로 지쳐 있었다. 선거 결과에 국민의 절반은 기뻐하고, 나머지 절반은 절망에 빠졌으며, 많은 사람이 거리에서 시위를 벌였다.

이른 아침, 뉴스를 틀었다. 채널마다 정치 전문가들의 날 선 의견들이 우후죽순처럼 쏟아진다. 페이스북을 열어 보아도 악질적이고 과열된 논쟁만이 가득하다. 양쪽 모두에서 단절과 공격의 기운이 느껴져 마음이 무겁고 슬픈 감정이 몰려왔다. 잠시 후 홍보 담당자가 문자 메시지를 보내왔다. "가브리엘, 오늘 당신과 인터뷰하고 싶다는 매체가 줄을 섰어요. 이번 선거와 두 정당의 분열 사태에 대해 영적인 관점에서 어떻게 생각하는지 듣고 싶대요." 나는 망설임 없이 답장을 보냈다. "알겠습니다!"

인터뷰 요청을 수락한 후에야 나 역시 이 대립 상황을 해결할 영적인 방안을 갖고 있지 않다는 사실을 깨달았다. 당장 나조차도 온 나라에 흐르는 부정적인 기운에 도무지 정신을 차릴 수 없었다. 이런 엄청난 분열의 흐름 속에서 어떻게 영성적인 지침을 전할 수 있을까? 걱정이 앞서긴 했지만 인터뷰 자리에 얼굴을 비추긴 해야 할 것 같았다. 나는 이 답답한 상황에 한 줄기 빛을 비춰달라고 기도했다.

한 시간 후, 나는 생방송 현장에 나가 있었다. 사회자가 내게 물었다. "가브리엘, 온 나라가 둘로 갈라진 지금, 당신의 도움이 필요해요. 이 상황을 어떻게 해결해야 할까요?"

나는 대답하기 전에 조용히 기도했다. "우주의 사랑이여, 나를 통해 말씀해 주세요." 그런 다음 진심을 담아 이야기하기 시작했다. 나 역시 이 모든 상황을 감당하기 어렵다고 털어놓았다. 이윽고 내 입에서 다음과 같은 말들이 술술 흘러나왔다.

"우리 마음속의 그림자를 자세히 들여다보고 그곳에 빛을 비추어야 합니다. 모두 자신의 판단을 들여다봅시다. 지금껏 대통령 당선인과 선거 캠프, 그의 가족과 지지자들을 어떻게 평가했나요. 힐러리 클린턴과 그 가족, 그들이 벌인 선거운동은요? 나와 정치적 견해가 다르다는 이유로 주변의 친구와 이웃, 가족을 어떻게 바라봤는지 솔직히 인정합시다. 분열을 자극하는 감정을 치유할 첫 단계는 우리의 판단을 판단 없이 바라보는 것입니다. 우리에게 공통점이 하나 있다면 끊임없이 판단한다는 겁니다. 어느 편에 서 있든 마찬가지죠."

답변을 들은 사회자의 표정이 짐짓 놀란 듯했다. 많은 사람처럼 그녀도 자신의 판단을 정당화해왔을 테니 말이다. 그녀가 물었다. "그럼 저는 저의 판단을 어떻게 해야 좋을까요?"

"그저 있는 그대로 바라보세요. 그리고 그것이 치유를 위한 첫걸음임을 믿으세요."

나는 판단들로 가득 차버린 자신을 진정으로 치유하려면 우리의 마음부터 치유해야 한다고 설명했다. 나를 공격했던 사람을 역으로 공격해봐야 더 큰 공격을 낳을 뿐이라는 사실을 알아차려야 한다. 이런 끔찍한 상황에서 벗어나고 싶다면 내면의 어둠에 빛을 비춰야만 한다. 그러기 위해서는 자신의 판단을 있는 그대로 직시할 필요가 있다. 그저 자신의 판단을 바라보고 그로부터 비롯되는 치유의 힘을 믿으라고 말하자 사회자의 목소리와 표정이 한결 편안해졌다. 방패를 내려놓고 잠시라도 우리의 생각을 사랑으로 바라보면 마음이 평온해지게 마련이다.

내 안의 판단을 그저 바라보는 관찰자가 되는 것이 판단 디톡스 수련의 첫 단계이자 핵심이다. 자신이 사랑과 단절된 원인을 투명하게 바라보고 마음 한편의 가장 어두운 부분에 대해 진솔해져야 한다. 내 안의 어두운 면을 바라보는 과정은 사랑에 바탕을 둔 용감하고 신성한 행동이다. 사랑과 본성에서 벗어난 생각도 우리 자신의 한 부분임을 받아들일 때 우리는 더 강해질 수 있다.

우리가 세상을 판단하는 방식을 있는 그대로 바라보면 모든 시련은 사랑과의 단절에서 비롯되었다는 것을 알 수 있다. 우리는 본래 사랑 넘치고 다정하며 온전하고 사려 깊은 존재들이다. 그러나 안타깝게도 살아오면서 사랑과 온전함에서 멀어지고 말았다. 우리의 존재는 어둠과 두려움으로 조각나버리고 분노와 화, 트라우마, 고통스러운 기억들이 사랑과의 단절을 부추긴다. 감각이 무뎌지고 온몸이 얼어붙어 의식은 깨어나지 못한다. 자신의 깊은 곳에 새겨진 부끄러운 상처를 감추기 위해 오히려 사랑과 순수함의 힘을 애써 외면한다. 지금까지 우리는 살아남으려고 발버둥 쳤고, 분열된 세상에서 공격성에 의존하여 결국 사랑과 마주하기를 두려워하게 되었다.

판단은 많은 경우에 가장 강력한 방어기제가 된다. 우리는 자신의 약한 부분을 숨기려고 판단을 사용한다. 방패를 내려놓고 연민과 사랑의 힘에 의지하다가 혹시 타인에게 이용당하거나 위험에 처할까 봐 두렵기 때문이다. 과거의 경험에서 생긴 트라우마와 지금도 주변에 넘쳐나는 충격적인 사건을 생각하면 충분히 이해할 수 있다. 우리에게 허락된 일이라고는 뉴스를 통해 흘러나오는 부정적인 기운에 휩싸이는 것뿐이다. 그래서 날이 갈수록 사랑과는 담을 쌓고 판단하는 것으로 스스로를 방어하기에 이른 것이다.

판단 이면에는 수치심과 결핍의 감정이 자리 잡고 있다. 남들과 단절되었다고 느낄 때 수치심은 나타난다. 이 세상에 나 혼자만 남겨진 기분이 들고 사랑받거나 관계를 맺기에는 자신이 어딘가 부족하다는 생각이 든다. 수치심은 인간이 가장 감당하기 힘든 감정으로, 수치심을 피할 수만 있다면 아마도 우리는 무슨 짓이든 할 것이다. 수치심에 저항하려고 타인에게 자신의 수치심을 투영하고 판단에 의존한다.

수치심을 치유하고 방패를 내려놓는 첫 단계는 우리가 마주하고 있는 세상에서 자신이 피해자라는 인식을 내려놓는 것이다. 내 안의 판단과 불완전한 감정들을 사랑과 연민으로 바라보면 그것이 나를 수치심으로부터 보호하기 위한 방어기제임을 깨닫게 된다. 그러나 판단은 진정으로 나를 보호해줄 수 없다.

판단은 또다시 수많은 판단을 낳는다. 이렇게 쌓아 올린 판단의 벽으로 자신을 방어할수록 사랑과의 단절은 깊어만 간다. 두려움에 익숙해진 나머지 사랑을 선택하는 것이 훨씬 무섭게 느껴질지도 모른다. 이것이 나를 더 큰 고통으로 몰아갈 거라 의심하며 익숙한 두려움을 선택하고 사랑에 대해 강한 거부감을 느낀다. 그러나 사랑이야말로 수많은 판단에 얽매인 자신을 해독할 수 있는 힘이다. 판단을 사랑의 눈으로 바라볼 때 나 자신에게서 아이와 같은 순수함을 발견할 수 있다. 상처와 직면하면 내가 어쩌다 판단에 사로잡혔는지 이해할 수 있게 된다. 어린 시절 학대받은 경험이 있는 사람은 고통과 불안의 눈으로 세상을 판단할 것이다. 사랑하는 사람에게 버림받았다면 자신을 또 다른 상처로부터 보호하기 위해 앞으로 맺어질 관계들을 판단하게 될 것이다. 따돌림을 당하거나 비난받으면 그로 인한 고통과 시련에서 자신을 구해내기 위해 상대를 공격할 것이다.

나는 오늘날 미국에서, 특히 도널드 트럼프와 힐러리 클린턴이 대결한 이번 대통령 선거 기간 전후로 많은 사람들이 어린 시절부터 품고 있던 상처들이 상상하기 어려울 만큼 고통스럽게 덧나는 광경을 지켜보고 있다. 사람들은 뒤처지고 무시당했다고 느끼고, 성적으로 유린당하고, 수많은 판단에 의해 혐오의 대상이 되었다고 느낀다. 각자의 상처들이 덧나자 본능적으로 더욱 필사적으로 자기방어기제를 동원한다.

사람들의 상처를 보면서 판단은 자신을 방어하기 위한 수단임을 더욱 명확하게 알 수 있었다. 그리고 우리가 얼마나 자기방어에 매달리는지도 알 수 있었다. 서로에게 덧씌운 판단을 내려놓는 것이 마치 갑옷을 벗고 투항하는 기분일지도 모르겠다. 상처가 있는 사람은 결코 방패를 내려놓을 수 없다. 만약, 지금 분노하고 있는 모든 사람이 잠시 자신의 내면을 있는 그대로 바라볼 수 있다면 어떻게 될까? 판단하는 '나의 중심'은 남들과 다르지 않음을 깨달을 수 있을 것이다. 나의 '두려움'도 다르지 않다. 나에게 새겨진 '상처' 또한 다르지 않다.

우리는 모두 상처를 지니고 있다

우리는 모두 순수한 아이와 같다. 순수함은 '나'와 괴리된 현실과 충격적인 트라우마를 경험하면서 금이 가기 시작하는데 그때 사랑을 불신하고 자신을 지키기 위해 판단을 시작한다. 본능적으로 스스로를 고립시키고 판단의 잣대를 들이미는 것이 유일한 생존 방법이라 여긴다. 우리는 다른 사람을 판단함으로써 자신의 상처를 마주하는 상황을 피하고, 또한 통증에서 벗어나기 위해 화려한 옷차림과 인간관계,

사회 · 경제적 지위 뒤로 상처를 숨긴다. 그렇게 만들어낸 자신의 이미지는 내면에 드리워진 그림자를 가리고, 자신의 나약한 면이 드러날까 두려워 그 이미지에 점점 더 의지하게 된다.

우리는 상처를 숨기려고 많은 노력을 기울이지만, 상처를 드러냄으로써 진정 우리를 치유할 수 있다. 그림자를 드러내도 괜찮다고 생각하는 바로 그 순간 우리는 자유로워진다. 그러면 실재하며 참되고 두려움 없는 사랑으로부터 우리를 갈라놓았던 벽을 허물 수 있다. 판단을 그저 바라봄으로써 나를 둘러싼 벽에서 벽돌 하나를 빼내 그 뒤에 숨은 부끄러움과 두려움, 단절의 감정을 들여다볼 수 있다. 자신의 감정을 진실하게 드러내야 그 근원을 이해할 수 있으며 자신의 상처까지도 존중할 수 있게 된다. 비로소 나의 판단들이 상처를 감추기 위한 방어기제였음을 받아들일 수 있을 것이다. 판단 디톡스의 첫걸음이 시작된 것이다.

판단 바라보기

판단 디톡스 수련의 목표는 우리가 다른 사람들, 나아가 세상과 스스로 단절하는 방식을 자각하는 것이다. 이를 위해서는 반드시 자신의 생각과 말, 행동을 솔직하게 파악해야 한다. 자신이 어떤 방식으로 남을 판단하는지 자세히 관찰하다 보면 그런 자신에 대해 부정적인 판단을 할지도 모른다. '인간은 끊임없이 판단한다'는 점을 상기하며 올라오는 부정적인 생각들을 내려놓자. 판단으로 가득 찬 이 세상에서 그 누구도 혼자서 순수함을 지키며 살 수는 없다. 우리는 다 똑같은 인간이라는 사실을 받아들이고 나면 마음이 한결 편안해질 것이다.

나는 판단하는 내 모습이 불편하게 느껴질 때, 그것이 비단 나만의 문제가 아니며, 판단하는 습관은 중독성이 강하다는 것도 되새긴다. 판단을 판단 없이 보려고 노력할 때면 치유하고 성장하려는 내 의지가 대견하게 느껴진다. 또한 나를 지나치게 방어적인 사람으로 몰아붙인 트라우마에 대해서도 존중하는 마음을 갖는다.

나 스스로 완전하고 안전하다고 느낀다면 외부의 것들을 판단할 필요가 있을까? 나의 부정적인 신념들이야말로 나를 계속 판단하도록 이끄는 원동력이다. 우리는 판단을 이용해 자신의 불완전함을 다른 누군가에게 투영하며 위로받으려 하지만, 비뚤어진 시선으로 타인을 판단하면 바라던 위안을 얻기는커녕 자신의 본성과 단절될 뿐이다. 나의 불완전함을 타인에게 전가하는 삶은 외롭고 어두운, 위안이라고는 찾을 수 없는 지독한 후유증을 남긴다. 판단하려는 사람들의 근원에는 자신이 어딘가 부족하다거나 사랑받을 가치가 없다거나 안전하지 못하다는 두려움이 있다. 이런 생각과 두려움을 용기 있게 바라볼 때 참된 위안이 찾아온다.

영성 지도자로서 나는 사랑과 기품이 넘치는 모습을 유지하려고 부단히 노력하지만 나 역시 상처받고 기분이 상하고 방어기제를 사용할 때가 자주 있다. 그러나 독자들과 나 자신 앞에 당당히 서기 위해 내 안의 판단을 있는 그대로 대면하는 것에 통달한 사람이 되었다. 마음속 어둠을 들여다보려는 의지와 솔직함이 없다면 결코 빛의 세계로 나아갈 수 없다.

빛으로 향하는 첫걸음

"자신 안의 에고를 알아차리는 순간, 엄밀하게 말하면 그것은 더 이상 에고가 아니다. 단지 오랫동안 조건 지어진 마음의 방식일 뿐이다. 에고는 알아차림이 없는 상태를 의미한다. 알아차림과 에고는 공존할 수 없다." 독일의 영성 지도자이자 작가인 에크하르트 톨레Eckhart Tolle의 말이다.

판단 디톡스 수련의 첫 단계는 마음속의 어두운 그림자를 알아차리는 것이다. 내 안의 어둠을 깨닫는 순간 뿌리 깊은 곳에서부터 변화가 일어난다. 더 이상 두려움으로부터 도망치지 않아도 된다. 두려움을 드러내는 순간 도망쳐야 할 이유가 사라진 것이다. 두려움을 자신의 세계 밖에 존재하는, 자신과 별 상관없는 존재로 생각할 수 있다. 두려움과 판단하는 습관을 개인의 성향이 아닌 중독성 강한 패턴으로 바라보는 것만으로도 두려움은 힘을 잃고 우리는 자유로워진다.

도망치지 않고 두려움과 함께해야 한다는 말에 덜컥 겁이 날 수도 있다. 어둠 아래 무엇이 도사리고 있을지 알 수 없기 때문에 정작 어둠을 드러내기가 더 꺼려질지도 모른다. 그래서 한 단계씩 차근차근 나아가며 판단을 내려놓을 수 있도록 이 수련법을 구성했으니 마음속 어둠을 단번에 드러낼 일은 없을 것이다. 현재 상황을 관찰하는 것에서 시작하여 조금씩, 서서히 깨달음에 이를 것이다. 판단에 사로잡히는 패턴을 제대로 파악할 수 있도록 천천히 단계를 밟아갈 것이므로 처음엔 진정한 자유를 찾아 여정을 떠날 의지만 있으면 된다.

기꺼이 자신의 판단을 바라보고 깨달음에 이를 의지가 있는가? 'Yes!'라고 답하리라 믿는다. 그런 의지가 없었다면 이 책을 집어 들지도 않았을 테니까. 자유, 행복, 일체감을 느끼고 싶다는 열망이 여러분을 이 자리까지 이끌었으니 이제 그 의지를 일깨우는 기도를 하면서 두려움이나 자기 비하 없이 내 안의 감정을 바라보자. 기도야말로 진정한 영적 치유에 이르는 핵심 요소다. 기도하면 두려움으로 가득 찬 생각을 사랑 넘치는 내면의 인도자에게 내맡길 수 있다. 두려움과 독선에 물든 습관을 버리고 사랑의 목소리에 귀 기울이도록 의식을 깨울 수 있다.

자신을 내려놓고, 앞으로의 과정과 그를 통해 변화하는 자신의 모습을 긍정하고, 자유로 향하는 발걸음에 다음 기도가 도움을 줄 것이라 믿는다.

내면의 사랑의 울림이여, 내 안의 지혜의 목소리여, 감사합니다. 이 기회를 통해 변화의 여정을 시작할 수 있게 북돋워주셔서 감사합니다. 나는 자유로워질 준비가 되어 있습니다. 행복해질 준비가 되어 있습니다. 나의 판단을 판단 없이 바라볼 준비가 되어 있습니다.

이제 여러분은 스스로의 판단과 대면할 준비가 되었으니 펜과 노트를 꺼내 가장 윗줄에 다음과 같이 적으면 된다. '나는 내 안의 판단을 판단 없이 바라볼 것입니다.' 그리고 네 칸으로 나누어 표를 그리고 아래의 질문을 써넣자.

- **첫 번째 칸**: 나는 누구/무엇에 대해 판단하는가?
- **두 번째 칸**: 그런 판단을 하면 어떤 기분이 드는가?
- **세 번째 칸**: 판단이 정당하다고 느끼는 이유는 무엇인가?
- **네 번째 칸**: 내 인생의 어떤 사건이 이 판단을 내리고 정당하다고 느끼는 데 영향을 주었을까?

첫 번째 질문부터 대답을 적어보자. 무엇이든 생각나는 대로 적는다. 완벽한 문장을 만들려고 고민하지 말고 떠오르는 대로 생각과 판단을 적어두자. 질문에 집중하면서 최소한 15가지 이상 대답해보자. 처음부터 심각한 이야기를 털어놓기가 어렵다면 사소한 것부터 시작하자. 마트 계산대에서 본 낯선 여자의 옷차림이 이상하다고 생각했던 경험이나, SNS에 올라온 지인의 포스팅이 영 별로라고 판단했던 일도 괜찮다. 우리는 온종일 사소한 판단을 내린다. 스스로 내리는 판단을 자각하는 것에 익숙해질수록 자신이 어떻게 판단에 빠져드는지 더 명확하게 드러날 것이다. 사소한 일이라고 간과하지 말고 모두 적자. 그러면 그 밑에 숨은 더 큰 패턴을 발견할 수 있을지도 모른다.

다음의 예시를 참고해 자기만의 대답으로 나머지 칸도 채워보자.

나는 누구/무엇에 대해 판단하는가?	그런 판단을 하면 어떤 기분이 드는가?	판단이 정당하다고 느끼는 이유는 무엇인가?	내 인생의 어떤 사건이 이 판단을 내리고 정당하다고 느끼는 데 영향을 주었을까?
남보다 우월하다고 잘난 척하는 학자들.	처음에는 나보다 잘났다고 젠체하는 사람에게 상처받지 않아서 통쾌했다. 하지만 그런 상태가 계속되면 소외감이 들거나 외롭다는 생각이 들기도 한다.	학자들은 모든 것을 다 아는 척하는 데다 자기만 아는 용어나 지식을 내세우며 타인과 비교해 스스로 우월하다고 생각하니까.	초등학교 6학년 때 짝사랑했던, 공부 잘하고 인기 많던 남자애가 나한테 멍청하다고 한 일.
이상한 남자들이랑 만나고 다니는 친한 친구.	처음에는 내 생각이 옳은 것 같지만 곧 슬퍼지고 질투심도 느낀다.	얼마든지 더 좋은 남자를 만날 수 있는데, 이상한 남자 곁에 있는 내 친구가 아깝다.	작년에 남자친구와 헤어지고 생긴 상처 때문에 스스로 남자 보는 눈이 없다고 느끼게 되었다. 그 뒤로는 또다시 상처받기 싫어서 남자를 만나지도 않는다.

다 적은 뒤에는 '아무것도 고치지 말고' 가만히 들여다보자. 다시 보니 별로 심각해 보이지 않는 생각들도 있을 것이다. 그래도 지우지 않는다. 내가 적은 것들에서 무엇인가 드러나리라는 확신을 가져야 한다. 사소한 판단 속에 중요한 무엇이 숨어 있을 수 있으므로 본인이 작성한 내용을 온전히 신뢰해야 한다.

첫 번째 질문에 15개 이상 대답을 적었다면 두 번째 칸으로 넘어가자. 이제는 마음속에 판단이 생길 때 어떤 감정이 드는지 솔직해질 차례다. 우리는 공격적인 생각들의 수면 아래 어떠한 감정들이 자리 잡고 있는지 한 발짝 물러나 점검하는 일에 익숙하지 않다. 어쩌면 지금이 첫 기회일 수도 있다. 이 과정이 상당히 낯설고 불쾌하게 느껴질 수 있지만 이 단계를 건너뛰지 말고 진실하게 적어보기를 부탁드린다. 자신의 판단 뒤에 숨어 있는 감정과 친숙해지는 아주 중요한 과정이기 때문이다. 숨어 있던 감정들에는 앞으로 느끼게 될 감정과 판단들에 대한 중요한 정보가 담겨 있다.

자신이 적은 대답을 하나씩 읽어 내려가면서 어떤 감정이 올라오는지 적는다. 이때 최대한 자세히 묘사해보자. 숨이 막혀오거나 주먹으로 벽을 치고 싶은 심정일 수도 있다. 혹은 자신이 내린 판단이 정당하다고 느끼거나 자신이 강한 존재로 느껴질 수도 있고, 신경이 날카로워질 수도 있다. 감정적 변화뿐 아니라 신체적으로 나타나는 현상까지도 모두 적는다. 자신의 몸 어디에 그런 판단이 자리 잡고 있는가? 판단에 색깔이나 형태가 있는가? 판단 때문에 신체적으로 긴장하거나 고통을 느끼는가? 피부가 가렵거나 가슴이 조여오지는 않는가? 느껴지는 것을 생생히 묘사한다.

다 적었으면 세 번째 칸을 채울 차례다. 판단을 정당화하는 이유를 천천히 적어보자. 자신의 생각에 죄책감이 들어도 그 감정에 얽매이거나 판단하지 말고 내려놓길 바란다. 그냥 있는 그대로 다 털어놓을 수 있도록 자신을 놓아줘야 한다. 부끄러운 생각까지도 존중하자. 이 단계는 몇 년 동안 몸에 밴 습관을 벗어던지는 과정이므로 한없이 솔직해져야 한다.

세 번째 칸을 다 채웠으면 네 번째 칸으로 넘어간다. 네 번째 칸은 자유롭게 글을 쓰며 자신의 과거 기억과 경험을 되짚어볼 수 있는 기회다. 경험에 따라서는 기억이 너무 강렬해서 불편함을 느낄 수도 있다. 서두르지 말고 지금 잘하고 있다고 믿자. 첫 번째 칸에 적은 판단을 자극하는 사건이나 과거의 상처, 트라우마 등을 모두 적는 것부터 시작한다. 어떤 판단은 인과관계가 아주 명확히 드러나기도 한다. 예를 들어 상사가 나를 대하는 태도 때문에 나 자신이 나약하고 무력한 존재로 느껴져, 그에 대하여 부정적인 판단을 했다고 해보자. 네 번째 칸에 다다를 때쯤, 과거 아버지에게 늘 호되게 혼나던 기억이 되살아날 수 있다. 아버지에 대한 분노가 권위적인 사람을 바라보는 방식에 영향을 준 것이다. 그래서 권위적으로 대하는 사람들을 부정적으로 판단하고 방어기제를 동원함으로써 그 두려움으로부터 나의 안전을 확보하려는 것이다.

이처럼 쉽게 드러나는 판단도 있지만 좀처럼 정체를 알 수 없는 판단도 있을 것이다. 에고가 위협을 느낄 때나 오래 묵은 불만, 트라우마가 강한 상처를 드러내기 두려울 때 우리는 무력해진다. 심하게 긴장되거나 잠에 빠져들지도 모른다. 나 역시 마음속의 편협한 판단들을 치유하려고 하자 트라우마가 떠올랐다. 내가 느끼는 불만의 이유나 그것에 얽힌 사연을 떠올리려 할 때마다 실제로 하품이 나오면서 잠이 들었다! 이러한 현상은 불편한 감정이나 기억이 너무 빨리 떠오르지 않도록 하는 뇌의 방어기제일 수 있다.

아무것도 쓸 수 없거나 기력이 없고 답답하며, 짜증이 나고 만사가 싫어진다면 네 번째 칸은 나중에 작성해도 괜찮다. 일단 세 번째 칸까지만 채우고, 마지막 칸은 마음 내킬 때 쓰면 된다. 저마다 충분한 시간을 두고 목록을 완성하기 바란다. 다 작성하면 자신이 무엇을 깨달았는지 돌아보는 시간도 가져야 한다.

다음 질문에 대답하며 자신을 돌아보자.

- 나의 판단에 어떤 패턴이 있는가?
- 이 과정에서 드러낸 이야기 중 당신을 놀라게 한 것이 있는가?
- 내 안의 판단과 마주해보니 어떤 느낌이 드는가?
- 내 안의 판단 때문에 부끄럽거나 자신을 비난했는가?
- 판단을 관찰할 때 마음이 안정되는가?
- 판단을 관찰할 때 불편함을 느끼는가?

펜이 가는 대로 위 질문에 대한 대답을 적어보자. 대답을 다 적은 다음에는 아무것도 고치지 말고 그 외에 떠올랐던 생각들도 적자. 이 과정이 내 안에 어떤 불씨를 일으켰는지 자세히 들여다보고 자신의 대답을 존중하자.

판단 디톡스 수련을 하는 동안 계속해서 노트를 채워 나가며 꾸준히 판단을 관찰하는 습관을 들이는 것이 중요하다. 매일 아침 일어나면 마음을 가다듬고 관찰해야 할 판단이 새로 생겼는지 확인하자. 나는 전날 밤 잠들기 전 뉴스를 보거나 트위터에서 글 하나만 읽어도 다음 날이면 머릿속에 수많은 판단이 생겨난다. 매일 아침 판단 관찰 일기를 쓰면 그런 생각을 버리고 하루를 시작할 수 있다.

아침에 눈을 뜨면 단 몇 분이라도 시간을 내서 네 개의 칸을 채워보기 바란다. 일어나서 가장 먼저 하는 이 일이 여러분의 하루에 중대한 영향을 미칠 수 있다. 종이에 펜으로 꼭꼭 눌러쓰며 판단을 바라보는 행위는 마음에 드리운 커튼을 활짝 열어젖혀 쏟아지는 햇살을 받아들이는 것과 같다. 무의식적으로 왜곡된 생각에 빠져들지 않으려면 온종일 빛을 비춰야 한다. 자기 생각을 관찰하는 단순한 행동만으로도 판단에서 자유로워질 수 있다.

물론 그럼에도 우리는 계속 판단할 것이다. 하지만 앞으로는 판단을 알아챌 수 있을 것이다. 우리가 얼마나 많은 판단에 얽매여 하루하루를 살아가는지 알고 나면 깜짝 놀랄 것이다. 하루 내내 자신의 생각과 말, 행동에 주의를 기울여보자. 일단 메모해 두었다가 나중에 다시 확인해도 좋다. 의식적으로 깨어 있는 연습을 하는 데 최선을 다하는 것이 중요하다. 기억하자, 내 생각을 더 자주 들여다볼수록 판단에 덜 얽매이게 될 것이다. 관찰하면 판단은 힘을 잃는다.

잠들기 전에도 노트를 펼쳐 하루 동안 새롭게 나타난 판단이 있다면 덧붙여 적는다. 매일 아침저녁으로 내 마음속에 어떤 생각이 들어오는지 주의 깊게 살펴보는 시간을 갖자. 어쩌면 한두 가지 생각을 반복해서 하고 있을지도 모른다. 부정적인 생각 하나가 사라지면 또 다른 생각에 집착하는 자신을 발견할 수도 있다. 아침에 일어날 때 떠오른 생각이 잠자리에 들 때까지 남아 있는 경우도 있다. 그런 판단을 그저 바라보고 판단 관찰 일기에 기록하자. 겉으로 드러나는 패턴과 사건에 계속 관심을 기울여야 한다.

이 수련을 하는 동안에는 자신의 치유에 집중하고 다른 사람의 행동에는 신경 쓰지 말아야 한다. 나의 판단을 자세히 관찰하다 보면 다른 사람이 나를 실망시키는 방식이나 그렇게 된 이유에 신경을 빼앗기기 쉬운데, 그런 감정을 내려놓도록 애써보자. 에고는 내가 느끼는 불편함을 남에게 전가하도록 계속 유도할 것이다. 에고의 회유에 무관심으로 응답하고 그 속임수를 사랑의 눈으로 관찰하기 바란다. 장담하건대 에고의 방해는 언제고 일어날 것이니 그럴 때는 그저 떠오른 판단을 일기에 적고 평소와 다름없이 수련하면 된다.

타인의 행동에 어떻게 대처할지는 다음 단계에서 다룰 것이므로 미리 고민하지 않아도 된다. 지금은 판단에 얽매이는 자신의 습관에 집중하고 다른 사람들은 내버려 두자.

기적의 시작

판단 디톡스 수련의 첫 번째 단계는 판단이 무의식을 황폐하게 하는 방식을 깨닫게 해줄 것이다. 왜곡된 생각을 치유하려면 그런 생각이 나타나는 패턴을 충분히 인지해야 한다. 내가 어떻게 남을 단정 짓는지 잘 알고 있을수록 다음 단계가 쉬워진다. 판단을 들여다보려는 의지를 지닌 자신을 대견하게 생각하자.

치유의 여정에 오른 자신을 격려하고 의지를 다지는 뜻으로 판단 관찰 일기 한쪽에 기적의 순간을 자축하는 난을 만들자. '기적의 순간'이라고 해서 거창하게 생각할 것 없다. '내 안의 판단을 들여다보겠다는 의지가 생긴 순간'처럼 단순한 사건도 기적이다. 판단에 얽매인 생각들에 더 이상 휘둘리지 않겠다는 깨달음이 생겼다면 그 역시 기적의 순간이다. 아침에 나를 괴롭히던 생각이 저녁에 사라졌다면 그것도 기적일 수 있다.

이 책을 읽는 내내 자신의 변화 과정을 기록해보자. 불편한 줄 알면서도 내 안의 판단을 바라보겠다는 의지를 품은 것부터 긍정하고 시작하자. 나에게 판단이 나타나는 방식을 의식적으로 깨달을수록 이 여정을 지속할 의지가 강해질 것이다. 자기 생각을 들여다볼 의지가 없다면 치유도 할 수 없다.

2016년 대선이 끝나고 며칠 후 영성 수련회에서 강연을 했다. 최근에 출간한 내 책 《우주에는 기적의 에너지가 있다 *The Universe Has Your Back*》에 수록된 가르침이 주된 내용이었다. 무대에 오른 나는 조금 무거운 이야기로 강연을 시작했다.

"지금 우리가 처한 상황을 떠올리니 오늘 강연의 방향을 바꿔야겠다는 생각이 듭니다. 이 자리에 서서 지금 미국을 휩쓸고 있는 분열과 단절, 판단을 외면할 수는 없기 때문입니다. 무슨 말이라도 해야 한다는 의무감을 느낍니다. 정치를 논하자는 것이 아닙니다. 일체감에 관한 이야기입니다. 지금이야말로 우리의 판단을 판단 없이 바라보아야 할 때입니다."

정치적인 강연은 아니었지만 시기적으로 모두의 관심이 정치에 쏠려 있었다. 강연장에 모인 수많은 사람들은 서로 다른 정치적 견해에 굳게 사로잡혀 있었다. 나는 두 시간 동안 어떻게 하면 사랑으로 모든 경계를 허물고 단절을 회복하며 세상에 더 밝은 빛을 비출 수 있을지 강연했다. 강연 주제를 갑자기 바꾸는 것이 약간 부담스럽기는 했지만 너무도 분명한 사회적 혼란 속에서 사람들을 화해의 길로 인도할 지혜와 해답을 제시하고 싶었다. 나는 양쪽 진영의 주장을 모두 존중하고 사랑과 치유로 회귀하는 논의가 되도록 최선을 다했다.

강연 후 질문 시간에 젊은 여성이 일어나 선거 결과를 보고 느낀 참담함을 이야기했다. "제일 속상한 건 온라인상에 증오와 분노가 넘친다는 사실이에요. 각자 관점이 다르다고 서로를 물어뜯고 있어요. 조금만 더 사랑으로 대화하면 좋겠어요. 방법이 없을까요?" 나는 이렇게 대답했다. "그렇게 글을 올리세요. 자기 생각을 드러내세요. 콕 집어서 빛을 비추는 거죠. 사랑으로 대화하고 싶다는 생각을 공개적으로 드러내세요." 그녀는 자기 생각을 인정하고 드러내는 것 외에 꼭 무엇을 더 하지 않아도 된다는 말에 힘을 얻었다. 진실을 말하면 자유로워진다는 데 동의했다.

강연을 마치기 전 청중을 둘러보며 드러내고 싶은 이야기가 있는데도 차마 하지 못한 사람이 있는지 물었다. 또 다른 젊은 여성이 손을 들었다. "가브리엘, 사실 강연 초반에 저는 그냥 나가려고 했어요. 당신의 정치적 견해를 강요할까 봐 겁이 났거든요. 저는 트럼프에게 투표했습니다. 저는 여성인 데다 세 번이나 강간을 당하는 등 말할 수 없이 힘든 일들을 다 겪었습니다. 그런데도 내가 원하는 대로 세상을 변화시켜 줄 것 같은 강한 남자의 편에 서기로 선택했죠. 여기 서서 이런 이야기를 하는 내가 자랑스럽습니다." 강연장에는 정적이 흘렀다. 나는 청중을 바라보며 이렇게 말했다. "이분의 선택을 존중하고 솔직하게 고백한 용기를 칭찬합시다." 그러자 정치적으로 견해가 다른 청중 대다수가 일어나 손뼉을 치며 그녀의 선택을 존중했다.

그 순간 강연장에 있던 사람들은 사랑으로 경계를 허물었다. 두 시간 동안 기도와 명상으로 우주와 소통했던 청중은 자신의 두려움과 판단을 들여다보고 다시 선택했다. 판단을 내려놓고 사랑의 의식을 치르는 선택이었다.

강연 내용 때문에 오히려 트라우마를 자극받은 사람도 있을지 모른다는 생각을 하면 마음이 아프지만 나는 우리가 겪고 있는 분열과 단절에 관해 이야기해야 할 사명감을 느꼈다. 지금은 일체감이 필요한 때이며, 나는 영성 지도자로서 어떻게든 그 메시지를 전파할 의무가 있었다.

독자 여러분이 여기까지 온 이유도 거기에 있으리라 믿는다. 더 높은 차원의 우주 에너지가 당신을 더 친절하고 다정하며 사랑이 넘치는 세계로 인도한 결과 당신이 이 책을 펼치게 된 것이다. 기쁨을 느끼는 가장 확실한 방법은 마음속에 사랑을 간직하는 것이다. 사랑은 경계와 단절, 전쟁, 적대감을 모두 허물 수 있다. 한 사람이 사랑을 선택하면 온 세상에 전파되므로 판단 디톡스 수련에 임하는 당신의 노력이 소중하다. 지금이야말로 각자 마음속의 판단을 바라보고 다시 선택할 때다.

내 안의 판단을 바라보는 것은 '나'를 사랑의 존재로 인식하는 것이며, 치유로 나아가는 큰 발걸음이다. 판단을 사랑의 눈으로 바라보려는 의지가 있다면 다음 단계로 넘어갈 준비가 된 것이다. 다음 단계에서는 상처를 보듬는 법을 배운다. 분열된 마음을 온전히 마주할 용기가 생겼다면 상처를 존중하는 것도 어려운 일이 아니다. 다음 장에서는 판단에 얽매인 삶의 이면에 자리 잡고 있던 상처들을 좀 더 자세히 관찰할 것이다. 자신의 판단을 판단 없이 바라보는 관찰자로서의 관점을 유지하며 다음 단계의 방법을 믿고 따르길 바란다.

태핑

마음을 다스리는 기법

판단하는 행동은 의식하지 못한 상태에서 점점 더 습관처럼 굳어진 까닭에 막상 자신의 판단을 내려놓으려면 두렵고 혼란스럽기도 할 것이다. 습관을 내려놓는 것은 친하면서도 불편하기도 했던 친구를 떠나보내는 기분과 비슷할 수 있다. 관계를 정리할 때가 왔음을 알면서도 마음 한편에서는 슬픔과 상실감을 느낄 수밖에 없다.

모든 판단의 이면에는 상처가 존재한다. 하찮고 사소해 보이는 판단도 자신의 수치심과 그림자에 뿌리를 두고 있다. 기억하라. 만약 우리가 늘 행복하고 결핍을 느끼지 않았다면 판단을 하지 않았을 것이다. 스스로 부족하거나 만족스럽지 못하다고 느끼기 때문에 우리는 지극히 주관적인 판단을 외부에 투사한다. 나의 고통을 남에게 전가하면 더 이상 고통에 시달리지 않을 수 있다고 무의식적으로 생각하는 것이다. 그래서 스스로 느끼는 열등감이나 무력감을 해결하려고 노력하는 대신 타인의 단점으로 시선을 돌려 내 고통을 외면하는 것이다. 그러한 행동은 열등감을 해소하기는커녕 결국은 상황을 더 악화시켜 남을 단정 짓는 자신의 행위에 죄책감을 느끼게 된다.

첫 번째 단계에서 우리는 판단에 숨은 상처를 바라보기 시작했다. 단절과 열등감, 두려움을 느끼게 하는 감정과 기억, 트라우마와 경험을 있는 그대로 들여다보았다. 용기 있게 내 안의 판단을 판단 없이 바라보았다. 자신의 판단을 자각함으로써 이제 우리는 상처를 보듬으며 치유를 향해 의미 있는 발걸음을 내디딜 준비가 되었다.

상처를 보듬는 것은 나 자신의 회복 과정에서도 중요한 단계였다. 상처를 보듬자 판단하는 패턴이 달라지는 것은 물론이고 내 삶 전체에 중대하고도 지속적인 변화가 일어났다. 솔직히 고백하자면 처음에는 나 역시 상처를 살피는 것이 몹시 거북했다. 상처는 제쳐두고 그저 부끄러운 생각을 송두리째 없애고 싶었다. 그러나 피하려고 해도 소용없었다. 여러분도 마찬가지일 것이다. 판단 이면에 숨은 상처를 보듬지 않는다면 판단은 끊임없이 이어질 것이다.

나는 오랫동안 내 안의 판단을 경멸했다. 스스로가 사기꾼처럼 느껴질 때도 있었다. 영성 지도자를 자처하면서 늘 속으로는 타인을 평가하거나 비판하고 판단했다. 그런 행동이 부끄러웠고 오만한 독선에서 기적처럼 벗어나기를 끊임없이 기도했다. 절박한 심정으로 판단에 얽매이는 습성을 내려놓고 싶었지만 좋은 의도만으로는 소용이 없었다. 내 생각을 통제하지 못하고 아무 이유 없이 남을 험담하거나 화를 내고, 뉴스에서 본 이야기를 멋대로 해석하고 재단했다. 그런 행동들이 나를 더 깊은 나락으로 떨어뜨렸다. 무력감이 밀려오고 판단에 중독된 나 자신에게 지쳐갔다. 그럼에도 불구하고 이 문제에 영적인 해답이 있음을 알고 있었다.

판단을 똑바로 바라보려는 의지와 자유로워지고 싶다는 열망은 다음 단계로 나를 이끌었다. 나는 주관적인 판단 이면에 숨은 감정과 경험, 고정관념을 솔직하게 관찰했다. 그러자 문제가 보이기 시작했다. 예를 들어 첫 번째 단계에서 판단 목록을 만들면서 내가 언제부터 잘난 척하는 사람에게 거부감을 느꼈는지 분명히 알게 되었다. 6학년 때 첫사랑으로부터 멍청하다는 말을 들은 때부터였다.

이처럼 원인을 찾기 쉬운 경우도 있지만 이해하는 데 애를 먹거나 심지어 그런 생각을 한다는 사실조차 인정하기 힘든 때도 있다. 나는 남자를 유혹하려고 하거나 드러내놓고 섹시하게 행동하는 여자를 비하하는 습성이 있었다. 이 판단을 들여다보려니 엄청나게 불편한 감정이 올라와서 당황스러웠다. 이 패턴에 무엇이 숨어 있든 굳이 찾아내고 싶지 않았지만, 영적 인도로 나는 그 불편한 패턴을 제대로 바라볼 수 있게 되었다. 지금부터 그 이야기를 고백하겠다.

나흘 일정으로 떠난 어느 영성 수련회에서 강연을 하게 되었는데, 단지 강연만 하는 것이 아니라 나도 참가자 중 한 명이었다. 그전까지 나는 항상 '지도자' 역할만 했기 때문에 그 수련회는 나에게 새로운 동력이 되었다. 참가자 45명 중 여러 사람을 알게 되었고, 다 같이 서로 알아가고 함께하는 자유 시간이 넉넉했기 때문에 사람들 사이에

끈끈한 유대감이 생겼다. 그 가운데 유독 눈에 거슬리는 젊은 여성이 한 명 있었다. 젊고 예쁜 데다 똑똑하고 유쾌하며 자신감마저 넘쳐 보였다. 건강한 몸매에 아이처럼 활력 있고 섹시할 정도로 강한 에너지를 내뿜었다. 그녀를 좋아하려고 노력했지만 마음속으로는 판단을 멈출 수 없었다. 못된 생각이 머릿속을 떠나지 않았다. '저런 불여우!' 그녀를 향한 판단은 걷잡을 수 없이 커져만 갔다. 부정적인 판단이 입 밖으로 튀어나오는 것은 시간문제였다. 나는 무엇인가를 계속 생각하면 결국 당황스럽게 입 밖으로 터져 나오는데, 그날도 그랬다.

저녁 식사 시간, 한 남자와 식탁에 마주 앉아 이야기 나누는 그녀 곁을 지나쳐 갔다. 많은 사람이 주변에 있었는데도 그 모습을 보자 내 입에서 제법 큰 목소리가 튀어나왔다. "와, 저런 불여우 같으니!" 그 순간, 충격과 당황스러움으로 굳어진 그녀의 얼굴이 보였다. 활력 넘치던 에너지는 사라졌고 그녀는 나에게서 등을 돌렸다.

'이런 세상에, 큰일 났네! 도대체 무슨 짓을 한 거야!' 하는 생각과 동시에 수치심과 죄책감이 몰려왔다. 그녀의 존재가 내 생각을 자극했음을 깨달았고, 그녀가 내 행동 때문에 얼마나 속상했을지 짐작이 갔다. 당황스러웠다. 수련회 발표자이면서도 타인에 대해 사려 깊지 못한 행동을 한 나 자신이 참을 수 없이 부끄러웠다. 나는 판단에 지고 말았다.

마음속으로는 잘못을 알고 있었지만 인정하기까지는 꽤 긴 시간이 걸렸다. 처음에는 아무렇지 않은 척하거나 별일 아니라고 생각하고 싶었다. 그렇게 형편없는 짓을 했다는 사실을 인정하기 싫었다. 그러나 마음 깊은 곳에서는 내 상처를 아무 잘못도 없는 여성에게 투영했음을 알고 있었다. 다음 날 잠에서 깬 나는 여전히 견딜 수 없는 수치심과 죄책감을 느끼고 있었다. 잠시 후 그녀에게 문자 메시지를 보냈다. "같이 아침 먹을까요?" 답장이 왔다. "좋은 생각이에요."

우리는 함께 식탁에 앉았다. 어색한 분위기를 깨고 내가 먼저 입을 열었다. "어젯밤 일로 기분 나빴다면 사과할게요. 그냥 농담이었어요." 그러나 사과라고 할 수도 없는 그 말 한마디로 그녀의 마음이 풀릴 리 없었다. 그녀는 어제 얼마나 속상했는지 털어놓으며 전혀 농담으로 들리지 않았다고 했다. 끔찍한 원한에서 우러나온 말처럼 들렸다는 것이다.

그녀의 대답이 쿵 하고 내 마음을 울렸다. 못 견디게 부끄러웠다. 그때 나에게는 두 가지 선택지가 있었다. 변명을 이어가면서 내용 없는 반쪽짜리 사과를 하거나, 내 비뚤어진 생각 속에 숨은 진짜 이유를 제대로 들여다보는 것. 어느 쪽을 택해야 할지 확신이 서지 않은 나는 우주를 향해 조용히 기도했다. '우주여, 이 상황을 중재해 주세요.'

내가 잠자코 있자 그녀가 다시 입을 열었다. "가브리엘, 사실 당신이 한 말에 속이 상했던 이유는 남자들 시선을 끄는 나 자신이 너무 수치스러웠기 때문이에요." 그녀는 남자들의 시선을 부끄럽게 생각하게 된 이유가 어린 시절의 나쁜 기억 때문이었음을 최근에야 알았다고 털어놓았다.

그때부터 기적의 순간이 시작되었다. 나는 아무 잘못 없는 이 여성 앞에 마주 앉아 나 역시 고작 석 달 전에야 어린 시절의 트라우마를 기억해냈다고 고백했다. 30년이 넘도록 성性에 대해 죄책감과 수치심을 느끼며 살아왔음을 인정했다. 그 순간 나에게도 내 상처가 보였다. 그리고 그녀에게 마음을 다해 진심으로 사과했다. "남자들과 거리낌 없이 어울리는 당신을 보면서 수치심이 발동했어요. 내가 어딘가 부족하고 문제가 있는 것처럼 느껴졌거든요. 그래서 당신을 색안경 끼고 봤어요." 그 순간 진실이 드러나며 우리는 자기 자신과 서로의 상처를 보듬을 수 있었다. 사람들로 붐비는 식당 복도에서 우리는 부둥켜안고 울었다. 어린 시절의 트라우마와 잃어버린 순수성 때문에 울고, 우리가 경험한 치유에 기뻐하며 울었다.

이 진실의 순간, 단절과 공격성은 사라졌다. 자신의 상처를 보듬는 용기가 판단을 사라지게 한 것이다. 우리는 자신의 상처와 수치심을 인식하고 서로에게 상처를 자극하는 요인을 보았다. 그런 상처를 존중함으로써 우리는 자유로워졌다. 이런 순간을 맞이한 것은 모두 우주의 인도 덕분이었다. 아직 치유되지 못한 내 그림자를 보여주려고 우주가 나를 그 수련회로 인도했다고 믿는다. 우리는 항상 신의 인도를 받고 있다. 하지만 선택은 언제나 우리 몫임을 기억해야 한다. 그때 나는 빛으로 뛰어오를 수도 있었지만, 그림자 속 어둠에 숨어버릴 수도 있었다. 갈림길에서 나는 뛰어오르는 쪽을 선택한 것이다.

그날 이후 나는 확실하게 내 상처를 보듬을 수 있게 되었다. 그뿐 아니라 내 감정을 자세히 살펴보니 두려움과 열등감을 느끼거나 방어기제가 나타날 때 보이는 반응은 지금의 내 모습이 아님을 깨닫게 되었다. 그것은 수치심과 두려움에서 스스로를 보호하려고 애쓰는 순진

한 어린아이의 모습일 뿐이었다.

판단 뒤에 숨은 고통을 새롭게 깨달은 뒤로 더 큰 사랑과 연민으로 나를 대하게 되었다. 마음속 어둠을 바라보고 내 행동의 원인을 찾아낸 용기가 자랑스러웠다. 아직 치유되지 못한 수치심과 고통을 외면하려고 내 감정을 외부에 투영하고 있음을 확실히 알게 되었다. 친구들과 남편, 심지어 모르는 사람들에게조차 내 수치심을 투영했던 것이다. 내 안의 수치심을 감추려고 평생 나를 둘러싼 세상을 평가하고 판단하며 살아왔다. 이것은 엄청난 발견이었다. 덕분에 내가 얼마나 깊은 슬픔에서 도망치고 있었는지, 진실을 회피하는 강력한 방어 수단으로 어떻게 판단을 이용했는지 깨닫게 되었다.

이처럼 오래된 패턴에서 벗어나려면 내 상처를 먼저 보듬어야 하는데 우주는 내가 치유될 준비가 되었을 즈음 때맞춰 완벽하게 회복의 기회를 제시했다. 그즈음 나는 어린 시절의 트라우마를 극복하려고 엄청나게 노력하고 있었고 상담 치료사와 에너지 치료사, 자기 성장 전문가를 섭외해 팀을 구성하여 도움을 요청했다. 여러 치유 기법 중 가장 큰 위안을 느낀 것이 EFT, 즉 '감정자유기법'이었다. '태핑'이라고도 하는데 이 책에서는 모두 같은 의미로 사용할 것이다.

EFT는 감정 건강을 지키도록 돕는 심리적 지압법이다. 독특하게도 마음을 다루는 심리 치료법과 몸을 다루는 지압법을 결합하여 에너지를 회복시키고 감정을 치유한다. 방법은 간단하다. 그저 손끝으로 몸의 특정 경혈점을 톡톡톡 두드려 자극을 주면 된다.

얼굴과 머리, 팔, 가슴에 있는 특정 에너지 경혈점을 두드리면 떠나지 않던 두려움과 억눌린 생각, 부정적인 패턴이 사라지며 신체적인 고통도 완화된다. 경혈점을 두드릴 때는 치유하려는 문제를 크게 소리 내어 말해야 한다. 경혈점을 자극하면서 감정을 표출하면 긴장을 풀어도 안전하다는 신호가 뇌에 전달되고, 이때 편도체에서 조절하는 공포 반응이 완화된다.

EFT는 특정 기억을 찾아내기보다 에너지장의 교란 상태를 안정시키는 것을 목표로 한다. 굳이 어떤 기억을 떠올리지 않아도 상당한 치유 효과와 마음의 위안을 얻을 수 있다. EFT를 개발한 게리 크레이그 Gary Craig는 트라우마로 남은 기억이나 경험 그 자체보다 충격적 사건이 '몸의 에너지 체계를 무너뜨리는' 것이 문제라고 주장한다. 특정 사건으로 에너지 체계의 교란이 일어나면서 부정적인 감정이 생긴다는 것이다. EFT, 즉 태핑을 하다 보면 무너진 에너지 체계를 회복하고 그 결과로 감정까지 치유할 수 있다고 한다. 게리의 설명을 들어보자.

EFT는 우리 삶에서 개선이 필요한 모든 것에는 해소되지 못한 감정적인 문제가 있다는 사실을 전제로 한다. …… 또한 해묵은 감정 문제를 해소할수록 더욱 깊은 평정심과 감정의 자유를 누리게 됨을 깨달아야 한다. …… 이를 마음에 새기면 EFT야말로 오래된 트라우마를 버리고, 건강하고 생산적인 자세로 새로운 도전을 기꺼이 받아들이게 하는 지속적인 과정이 될 것이다.

게리의 말대로 EFT는 판단의 근원을 밝히고 애초 판단에 의존하게 만든 에너지 교란을 해소하는 데 도움이 된다. 다른 전통 치료 요법에 비해 태핑은 상대적으로 감정적인 고통을 거의 겪지 않는다. 내가 이 기법을 널리 알리는 이유도 그 때문이다. 태핑은 에너지 체계를 가로막은 벽을 허물고 신체적 고통과 공포심을 완화하며 충격적인 경험 이면에 있는 부정적 감정을 치유하는 매우 효과적인 방법이다. 배우기도 쉽고 언제 어디서나 활용할 수 있다. 태핑을 하면 기적적인 변화를 빠르게 경험할 수 있다. 이제부터 안내에 따라 마음을 열고 치유를 경험하기 바란다. 자, 준비되었다면 시작하자.

태핑은 MPIMost Pressing Issue, 즉 가장 시급한 문제를 정하는 것부터 시작한다. 지금은 판단 디톡스 수련 중이니 판단에 관한 MPI를 정해 보자. 다음 스크립트를 자기 상황에 맞게 활용하면 된다. "그 사람에 대한 판단을 버릴 수 없다." 여기서 '그 사람' 자리에 특정 개인이나 집단을 넣을 수도 있고, 자기 자신을 대입할 수도 있다. 앞으로 소개할 스크립트 역시 자기 상황에 맞게 수정해도 좋다.

본격적인 태핑에 앞서 MPI에 0부터 10까지 점수를 매기자. 별로 괴롭지 않다면 낮은 점수를, MPI 때문에 너무나 괴롭다면 높은 점수를 매기면 된다. 이렇게 하는 이유는 태핑의 실제 효과를 깎아내리거나 무시하게 되는 '정점효과Apex Effect, 자신이 얻은 명백한 증상의 원인을 뭔가 다른 이유로 돌려 설명하려는 경향'를 방지하기 위해서다. 태핑이 끝나면 MPI 때문에 생긴 두려움이 사라지고 고통스러운 증상이 완화되는 등 바라던 결과를 경험할 때가 많다. 그러나 태핑을 처음 접하는 사람들은 이런 효과가 태핑 덕분이라고 생각하지 않을 수도 있다. 증상이 사라진 이유를 다른 데서 찾으려고 한다. 예컨대 정신을 다른 데 집중한 덕분에 고통을 잊었다거나, 태핑을 하는 도중 웃음이 나올 만한 일이 생겨서 상태가 '좋아진 것처럼 느껴진다'고 생각할 수도 있다. 심지어 태핑을 하기 전에 자기가 무슨 고통을 겪었는지조차 전혀 기억하지 못하는 사람도 있다! 고소공포증으로 잔뜩 겁을 먹었던 사람이 잠시 후 괜찮아지면 별것 아니었다고 우기듯이 말이다. 조금 이상하게 들리겠지만 EFT 전문가들은 이런 경우를 자주 보게 되는데, EFT의 효과를 인지하지 못하면 이 강력한 치유 기법을 제대로 활용할 기회를 놓치는 것이다.

태핑을 시작하기 전에 MPI에 매긴 점수는 태핑이 끝난 후 자신의 상태를 비교할 수 있는 명확한 기준점이 된다. 시작할 때는 10점이었던 MPI가 태핑을 한 지 몇 분 만에 0점으로 내려갈 수도 있다. MPI에 점수를 매겨 확인하면 정점효과를 방지해 치유의 효과를 기쁘게 받아들일 수 있다.

태핑이 처음에는 조금 낯설게 느껴질 수 있지만 알고 보면 굉장히 단순한 기법이다. 나는 태핑을 활용해 신체적인 고통을 완화하고, 소소한 불만은 물론 심각한 트라우마나 공포증까지도 조절할 수 있었다. 일례로 한동안 극심한 엘리베이터 공포증에 시달린 적이 있다. 몇 달 사이 두 번이나 엘리베이터에 갇혔기 때문이다. 이 사건 이후 어린 시절의 두려움이 다시 떠올라 엘리베이터에 발도 들여놓지 못했다. 20층 정도는 걸어 올라가야 겨우 엘리베이터를 탈까 말까 할 정도였다. 공포증이 심해져 무슨 수를 써야만 했을 때, 나는 태핑을 하기로 했다. 고작 몇 번 태핑을 했을 뿐인데 트라우마의 원인을 알게 되었고 교란된 에너지를 치유할 수 있었다. 그다음 날부터는 아무렇지도 않게 엘리베이터에 오를 수 있었다. 기적이 일어난 것이다.

판단 디톡스 수련의 두 번째 단계에서는 판단에 사로잡히게 하는 교란된 에너지와 감정, 분노, 트라우마를 태핑으로 치유하도록 인도할 것이다. 판단하는 습관은 마주하고 싶지 않은 감정을 피하려고 하기 때문에 생긴다는 것을 기억하라. 상처를 태핑하면 몸속의 교란된 에너지를 안정시켜 감정적으로 자유로워질 것이다. 감정이 자유로워지면 남은 물론이고 나 자신도 판단하거나 평가할 이유가 없다. 태핑을 하면 마음이 깨끗이 비워져 한층 심오한 영적 치유의 단계에 오를 준비가 된다.

처음 태핑을 시작할 때는 스크립트를 참고하자. 이 책에 수록한 스크립트를 따라 하면 판단 뒤에 숨은 감정을 살펴볼 수 있을 것이다. 스크립트를 소리 내어 한 줄씩 읽으면서 해당 경혈점을 톡톡톡 두드린다. 경혈점을 자극할 때는 양손 중 편한 손을 사용해 왼쪽이나 오른쪽 어디를 두드려도 상관없다.

스크립트를 몇 번 반복해서 따라 하다 보면 자신의 두려움과 분노, 불편한 감정까지 보듬게 될 것이다. 이것을 부정적 감정을 다스리는 태핑이라고 한다. 부정적 감정을 태핑하면서 조금씩 마음이 편안해지고 생각의 패턴에 변화가 오면 긍정적 감정을 끌어올리는 태핑을 한다. 부정적 감정을 태핑하다가 긍정적 감정을 태핑하는 순간 기분이 최고조에 이를 것이다. 긴장된 몸이 풀리고 호흡이 깊어지면서 자기 생각을 정당화하려던 아집이 점차 사라져 판단을 완전히 내려놓을 수 있게 된다.

EFT를 처음 시작하는 독자를 위해 판단에 즉각적인 효과를 내는 구체적인 스크립트를 마련했다. 스크립트를 따라 읽으면서 경혈점을 가볍게 두드리면 된다. 시작하기 전에 그림을 보고 경혈점의 위치를 확인하자.

———

판단 내려놓기에 도움 되는 태핑

먼저 MPI에 점수를 매긴다. 끊임없이 내 기준으로 단정해버리는 사람을 떠올리며 감정적으로 얼마나 격해지는지 관찰하자. 상대가 여러 사람일 수도 있고 자기 자신일 수도 있다. 상대의 이름을 스크립트에 대입해도 좋다. MPI 점수는 가장 감정이 격해질 때가 10점이다.

MPI 점수: _____

그림에 보이는 '손날 포인트'부터 태핑을 시작한다. 태핑하면서 큰 소리로 "그 사람에 대한 판단을 버리지 못하지만 그런 내 모습까지도 나는 마음 깊이, 온전히 사랑하며 받아들인다." 하고 세 번 반복한다.

- **손날을 두드리며**: 그 사람에 대한 판단을 버리지 못하지만 그런 내 모습까지도 나는 마음 깊이, 온전히 사랑하며 받아들인다.

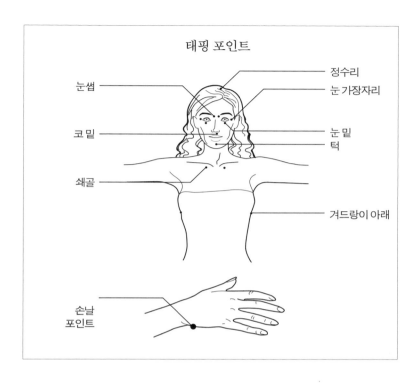

태핑 포인트

눈썹 —————
—————— 정수리
—————— 눈 가장자리

코 밑 —————
—————— 눈 밑
—————— 턱

쇄골 —————
—————— 겨드랑이 아래

손날
포인트 —————

- **손날을 두드리며**: 그 사람에 대한 판단을 버리지 못하지만 그런 내 모습까지도 나는 마음 깊이, 온전히 사랑하며 받아들인다.
- **손날을 두드리며**: 그 사람에 대한 판단을 버리지 못하지만 그런 내 모습까지도 나는 마음 깊이, 온전히 사랑하며 받아들인다.

같은 방식으로 다음 스크립트를 소리 내어 따라 하면서 해당 경혈 점을 순서대로 가볍게 톡톡톡 두드린다.

- 눈썹을 두드리며: 나는 끊임없이 남을 판단한다.

- 눈 가장자리를 두드리며: 남을 판단하면 속이 시원하다.

- 눈 밑을 두드리며: 남을 판단하면 스스로 우월한 기분이 든다.

- 코 밑을 두드리며: 모두 그런 판단을 받을 만하다.

- 턱을 두드리며: 그들은 판단당할 일을 너무 많이 저질렀다.

- 쇄골을 두드리며: 어쨌든 자기들 탓이다.

- 겨드랑이 아래를 두드리며: 내 판단은 정당하다.

- 정수리를 두드리며: 자업자득이다!

- 눈썹을 두드리며: 남을 인정하면 지는 것이다.

- 눈 가장자리를 두드리며: 남을 판단하는 습관을 버리고 싶지 않다.

- 눈 밑을 두드리며: 남을 판단하면 우월한 기분이 든다.

- 코 밑을 두드리며: 나는 그들을 판단할 만하다.

- 턱을 두드리며: 그들이 날 화나게 했으니까.

- 쇄골을 두드리며: 그들이 날 괴롭혔으니까.

- 겨드랑이 아래를 두드리며: 자업자득이다!

- 정수리를 두드리며: 자업자득이야!

- 눈썹을 두드리며: 그들이 날 너무 화나게 했으니까!

- 눈 가장자리를 두드리며: 그러니 나는 그들을 판단할 자격이 있다.

- 눈 밑을 두드리며: 그냥 잊고 살 수 없다.

- 코 밑을 두드리며: 어떻게 그럴 수 있지?

- 턱을 두드리며: 그들이 내 상처를 건드렸다.

- 쇄골을 두드리며: 너무 짜증이 난다.

- 겨드랑이 아래를 두드리며: 그들 때문에 짜증이 솟구친다.

- 정수리를 두드리며: 자업자득이다!

- 눈썹을 두드리며: 내 판단은 모두

- 눈 가장자리를 두드리며: 그들이 자초한 것이다.

- 눈 밑을 두드리며: 그들이 나쁜 이유는 수백 가지도 댈 수 있다.

- 코 밑을 두드리며: 남을 판단하면 속이 시원하다.

- 턱을 두드리며: 남을 판단하면 안전한 기분이 든다.

- 쇄골을 두드리며: 나를 지키려는 것이다.

- 겨드랑이 아래를 두드리며: 마음속의 수치심 때문에 어쩔 수 없다.

- 정수리를 두드리며: 수치심을 치유하고 싶다.

- 눈썹을 두드리며: 전부 다.

- 눈 가장자리를 두드리며: 수치심을 인정하기조차 싫다.

- 눈 밑을 두드리며: 수치심을 느끼지 않으려면 남을 판단해야 한다.

- 코 밑을 두드리며: 남을 판단하면 더 안전한 느낌이 든다.

- 턱을 두드리며: 수치심을 마주하기가 두려워 남을 판단한다.

- 쇄골을 두드리며: 수치심이 두렵다.

- 겨드랑이 아래를 두드리며: 하지만 이젠 벗어나고 싶다.

- 정수리를 두드리며: 수치심을 치유하고 내 안의 판단을 끊고 싶다.

이 스크립트대로 반복하며 계속 부정적 감정을 태평한다. 마음이 편안해지면 긍정적 감정을 태평하기 시작한다.

- 눈썹을 두드리며: 남을 판단한다고 기분이 좋아지지는 않는다.

- 눈 가장자리를 두드리며: 사랑할 때 훨씬 더 기분이 좋다.

- 눈 밑을 두드리며: 하지만 남을 판단하는 편이 더 쉽다.

- 코 밑을 두드리며: 남을 판단하지 않으면 나는 어떻게 될까?

- 턱을 두드리며: 아마 그냥 나 자신으로 남을 것이다.

- 쇄골을 두드리며: 나 자신으로 살면 더 나을지도 모른다.

- 겨드랑이 아래를 두드리며: 나를 사랑하려면 판단을 놓아버려야만 한다.

- 정수리를 두드리며: 판단을 놓아버리면 자유로워질 것이다.

- 눈썹을 두드리며: 다른 사람에게 쏟던 에너지를 기분 좋은 일에 쓸 수 있다.

- 눈 가장자리를 두드리며: 그 에너지를 더 현명하게 쓸 수 있다.

- 눈 밑을 두드리며: 사랑을 택하면 에너지가 더 강력해질 것이다.

- 코 밑을 두드리며: 내가 미워하는 사람도 마음이 아픈 사람이다.

- 턱을 두드리며: 그들에게 연민을 느낄 수 있다.

- 쇄골을 두드리며: 그들도 고통에 시달리고 있다.

- 겨드랑이 아래를 두드리며: 그들에게 사랑과 기도를 전해주고 싶다.

- 정수리를 두드리며: 다들 행복해지고 싶을 뿐이다. 나처럼.

- 눈썹을 두드리며: 나는 행복해지고 싶다.

- 눈 가장자리를 두드리며: 판단을 버리면 자유롭고 행복할 것이다.

- 눈 밑을 두드리며: 훨씬 자유로운 기분이 들 것이다.

- 코 밑을 두드리며: 그에게 사랑을 전하기로 결심했다.

- 턱을 두드리며: 사랑이 모든 벽을 허물 것이다.

- 쇄골을 두드리며: 그러면 자유도 느낄 수 있다.

- 겨드랑이 아래를 두드리며: 나는 사랑을 선택했다.

- 정수리를 두드리며: 나는 판단에서 자유로워지기로 결심했다.

- 눈썹을 두드리며: 나는 행복하고 자유로워지고 싶다.

- 눈 가장자리를 두드리며: 용서하고 마음이 편해지길 바란다.

- 눈 밑을 두드리며: 남을 판단하는 기분을 느끼고 싶지 않다.

- 코 밑을 두드리며: 그도 마음이 편해지도록 기도한다.

- 턱을 두드리며: 사랑이 모든 벽을 허물 것이다.

- 쇄골을 두드리며: 나는 행복하기를 바랄 뿐이다.

- 겨드랑이 아래를 두드리며: 나는 행복을 선택했다.

- 정수리를 두드리며: 나는 판단에서 자유로워지기로 결심했다.

진심으로 마음이 안정될 때까지 원하는 만큼 긍정적 선언을 하면서 태핑한다. 다 끝나면 자신의 MPI를 크게 외친다. "그 사람에 대한 판단을 버릴 수 없다." 그런 뒤 다시 한번 점수를 매기고 처음 매긴 점수와 비교한다. 매번 마음을 다해서 태핑했다면 분명히 마음이 편안해졌을 것이다. 몇 분 사이에 10점에서 2점으로 떨어지는 경우도 있다. 그러나 정도에 상관없이 마음의 안정을 얻었다면 모두 기적임이 틀림없다! 태핑은 내 마음을 가로막고 있는 벽을 단번에 부술 수 있는 효과적인 방법이다. 그래도 마음이 편해지지 않는다면, 좀 더 태핑을 해보라. 곧 엄청난 안정이 찾아올 것이다.

긍정적 태핑을 마치고 MPI를 크게 외친 후, 새로 매긴 점수를 적어
보자.

MPI 점수: _____

바로 효과가 나타나지 않아도 실망하지 말자. 마음 가는 대로 태핑
을 계속해도 되고, 나중에 마음의 준비가 되었을 때 다시 시작해도 된
다. 어쩌면 우리의 가장 큰 문제는 남들을 향한 나의 판단이 아닐 수도
있다. 오히려 남들이 나를 색안경 끼고 보는 것일 수도 있다. 우리가
남을 단정 짓게 되는 이유가 이 때문일지도 모른다. 그렇게 함으로써
결국 내 생각이 옳다고 합리화할 수 있으니까. 그러나 판단은 악순환
을 낳기 때문에 남들의 시선에 똑같이 대응하면 새로운 판단을 부채
질할 뿐이다.

다음에 소개할 스크립트는 타인에게 상처받은 마음을 치유하는 데
도움을 줄 것이다. 그러면 나를 방어하려고 남을 평가할 일도 없으므
로 스스로 상처에서 벗어날 수 있다. 상처받은 마음을 태핑해보자.

———

상처를 치유하는 태핑

자신의 MPI를 외치며 시작한다. "타인의 시선 때문에 상처받는다."

MPI 점수: _____

손날을 두드리면서 첫 선언문을 크게 세 번 외친다. "남들이 뭐래도 나는 스스로를 마음 깊이, 온전히 사랑하며 받아들인다."

- **손날을 두드리며**: 남들이 뭐래도 나는 스스로를 마음 깊이, 온전히 사랑하며 받아들인다.
- **손날을 두드리며**: 남들이 뭐래도 나는 스스로를 마음 깊이, 온전히 사랑하며 받아들인다.
- **손날을 두드리며**: 남들이 뭐래도 나는 스스로를 마음 깊이, 온전히 사랑하며 받아들인다.

부정적 감정을 다스리는 태핑부터 반복한다.

- **눈썹**: 남들의 판단이 상처가 된다.
- **눈 가장자리**: 너무 화가 난다.
- **눈 밑**: 감히 날 판단하다니.
- **코 밑**: 틀린 건 내가 아니라 그들이다.
- **턱**: 자신들이 잘났다고 생각한다.
- **쇄골**: 대체 왜 그러는 거야?
- **겨드랑이 아래**: 왜 자기들이 잘났다고 생각하지?
- **정수리**: 자기들이 뭐라도 되나?
- **눈썹**: 감히 어떻게 날 판단해?
- **눈 가장자리**: 문제는 그들에게 있다.

- **눈 밑**: 난 잘못 없다.

- **코 밑**: 난 그런 판단을 받을 이유가 없다.

- **턱**: 감히 날 판단해?

- **쇄골**: 대체 왜 그러는 거야?

- **겨드랑이 아래**: 그들도 나을 것 없다.

- **정수리**: 하지만 남들의 시선 때문에 위축된다.

- **눈썹**: 남들의 시선 때문에 열등감이 생긴다.

- **눈 가장자리**: 내가 하찮은 인간처럼 느껴진다.

- **눈 밑**: 나 자신이 너무 끔찍하다.

- **코 밑**: 나 자신이 너무 싫어지니까 그들에게 되갚아주고 싶다.

- **턱**: 그렇게 해야 기분이 풀리니까.

- **쇄골**: 내 판단에는 정당한 이유가 있다.

- **겨드랑이 아래**: 그들이 자초한 것이다.

- **정수리**: 그들이 먼저 나를 판단했으니까.

- **눈썹**: 그들에게 정말 화가 난다.

- **눈 가장자리**: 그들 때문에 기분을 망쳤다.

- **눈 밑**: 그들 때문에 수치심이 든다.

- **코 밑**: 그들 때문에 느끼는 감정이지 난 잘못한 것이 없다.

- **턱**: 그들을 판단하는 이유는 나를 보호하기 위해서다.

- **쇄골**: 내 판단에는 정당한 이유가 있다.

- **겨드랑이 아래**: 그들이 자초한 것이다.

- **정수리**: 그들이 먼저 나를 판단했으니까.

마음이 어느 정도 안정될 때까지 반복해서 부정적 감정을 태핑한다. 안정감이 들면 긍정적 감정을 끌어올리는 태핑을 시작한다.

- **눈썹**: 더 이상 상처받고 싶지 않다.
- **눈 가장자리**: 정말 기분이 나쁘다.
- **눈 밑**: 기분이 나아지면 좋겠다.
- **코 밑**: 남들의 판단에 신경 쓸수록 기분이 나빠진다.
- **턱**: 남들의 시선에 집착할수록 나도 남을 멋대로 판단하게 된다.
- **쇄골**: 나는 남을 단정 짓고 싶지 않다.
- **겨드랑이 아래**: 남을 판단하지 않으면 기분이 나아질 것이다.
- **정수리**: 그들이 나를 판단하는 이유는 자신의 수치심 때문이다.
- **눈썹**: 행복한 사람은 남을 판단하지 않는다.
- **눈 가장자리**: 불행하다면 안타까운 일이다.
- **눈 밑**: 그들도 기분 좋게 지내고 싶을 텐데.
- **코 밑**: 그들도 나와 같다.
- **턱**: 그들은 즐겁게 살고 싶어 한다.
- **쇄골**: 우리 모두 즐겁게 살고 싶을 뿐이다.
- **겨드랑이 아래**: 그들도 즐거워지도록 기도하고 싶다.
- **정수리**: 그들은 마음이 아프기 때문에 나아지길 바랄 뿐이다.
- **눈썹**: 그들도 나와 같다.
- **눈 가장자리**: 그들은 행복해지고 싶을 뿐이다.
- **눈 밑**: 우리는 모두 같다.

- **코 밑**: 그들은 또 다른 나다.

- **턱**: 그들도 스스로 보호하려고 애쓰는 중이다.

- **쇄골**: 그들은 기분이 나아지길 바랄 뿐이다.

- **겨드랑이 아래**: 나는 기분이 나아지길 바란다.

- **정수리**: 지금, 우리는 모두 즐겁게 살 자격이 있다.

- **눈썹**: 그들은 즐겁게 살고 싶을 뿐이다.

- **눈 가장자리**: 나처럼.

- **눈 밑**: 우리는 모두 같다.

- **코 밑**: 그들의 판단을 용서할 수 있다. 그들도 단지 마음이 아파서 그런 것이다.

- **턱**: 다른 이유가 뭐가 있을까?

- **쇄골**: 그들의 마음이 편해지길 바란다.

- **겨드랑이 아래**: 내 마음이 편해지길 바란다.

- **정수리**: 이제 나는 즐겁게 살 자격이 있다.

깊이 숨을 들이마셨다가 내쉰다. 그리고 MPI를 다시 외친다. "타인의 시선 때문에 상처받는다." 다시 점수를 매겨 보자. 0점부터 10점 중에 몇 점인가?

MPI 점수: _____

수치심을 치유하는 태핑

판단 이면의 상처에는 우리를 무력하게 하는 수치심이 자리 잡고 있는 경우가 많은데, 수치심은 매우 다루기 어려운 감정이다. 마음속에 수치심이 있다는 사실을 인정하는 것 자체가 두렵기 때문에 자신의 수치심을 평생 인지하지 못할 수도 있다. 누군가 상처를 건드리면 우리는 즉시 판단을 방패 삼아 수치심을 외면하려고 한다. 수치심과 맞설 방법은 자신의 존재를 부정하고 파괴하는 방법밖에 없다고 에고는 끊임없이 속삭인다. 이런 속삭임과 타협하게 되면 수치심과 맞서지 못하게 되고, 결국 외부를 향한 판단과 방어기제를 통해 내면 깊숙한 곳에 수치심을 묻어두게 된다.

나 역시 내 안의 수치심을 인정하는 데 몇 년이 걸렸으며, 그 감정을 마주하기가 너무 두려워 판단의 악순환에 갇혀 지냈다. 상처 밑에 도사리고 있던 감정이 수치심인 것을 밝혀낼 수 있었던 계기는 상처를 태핑하면서부터였다. 수십 년 동안 도망쳤던, 무슨 수를 써서라도 피하고 싶었던 수치심이지만 태핑을 통해 한결 편안한 마음으로 수치심을 드러내 치유할 수 있었다. 수치심을 태핑하니 인생을 바꿔놓을 평안함이 찾아왔다.

여러분도 판단을 태핑한 덕분에 수치심을 마주 보게 되었을 것이다. 너무 오랫동안 수치심이 우리 마음을 지배하고 있었던 탓에 어쩌면 에고는 더 격렬히 저항할 수도 있다. 이제는 마음속 판단의 근원을 이해하고 존중하며 치유하도록 수치심을 태핑할 시간이다.

"나는 부끄럽다."라는 MPI를 태핑해보자. "나는 부끄럽다."라고 소리 내어 외친다. 이제 MPI에 점수를 매기자.

MPI 점수: _____

준비 선언을 하며 시작하자. 손날을 두드리면서 "아무리 부끄러워도 나는 스스로를 마음 깊이, 온전히 사랑하며 받아들인다." 하고 세 번 크게 반복한다.

- **손날을 두드리며**: 아무리 부끄러워도 나는 스스로를 마음 깊이, 온전히 사랑하며 받아들인다.
- **손날을 두드리며**: 아무리 부끄러워도 나는 스스로를 마음 깊이, 온전히 사랑하며 받아들인다.
- **손날을 두드리며**: 아무리 부끄러워도 나는 스스로를 마음 깊이, 온전히 사랑하며 받아들인다.

이제 다른 경혈점을 순서대로 가볍게 두드리면서 스크립트를 소리 내어 읽는다.

- **눈썹**: 나는 부끄럽다.
- **눈 가장자리**: 그리고 수치심이 너무 두렵다.
- **눈 밑**: 수치심을 정말 느끼고 싶지 않다.
- **코 밑**: 수치심을 피할 수 있다면 무엇이든 하겠다.

- **턱**: 나는 이 과정이 싫다.

- **쇄골**: 수치심을 인정하고 싶지 않다.

- **겨드랑이 아래**: 수치심을 바라보기조차 부끄럽다.

- **정수리**: 수치심을 느끼느니 남을 탓하는 편이 낫다.

- **눈썹**: 너무 불편하다.

- **눈 가장자리**: 수치심이라는 감정이 너무 불편하다.

- **눈 밑**: 무조건 도망치고 싶다.

- **코 밑**: 피하고만 싶다.

- **턱**: 수치심을 인정하기가 너무 두렵다.

- **쇄골**: 수치심 때문에 마음이 무겁다.

- **겨드랑이 아래**: 수치심 때문에 슬프다.

- **정수리**: 수치심을 느끼느니 남을 탓하는 편이 낫다.

- **눈썹**: 수치심에서 계속 도망치고만 싶다.

- **눈 가장자리**: 하지만 그럴 수 없다는 것을 안다.

- **눈 밑**: 수치심은 언제든 다시 나타날 것이다.

- **코 밑**: 피할 수 없다.

- **턱**: 수치심이 내 마음을 지배하고 있다.

- **쇄골**: 수치심 때문에 도망치게 된다.

- **겨드랑이 아래**: 이제 도망치지 않을 준비가 되었다.

- **정수리**: 수치심을 마주할 준비가 되었다.

마음이 안정될 때까지 부정적 감정을 다스리는 태핑을 이어간다.

그런 다음 마음이 편안해지면 긍정적 감정을 끌어올리는 태핑을 시작한다.

- **눈썹**: 나 자신이 부끄러워도 나를 사랑한다.
- **눈 가장자리**: 수치심을 존중한다.
- **눈 밑**: 너무 많은 고통을 겪었고 두려웠다.
- **코 밑**: 내가 어쩌다 수치심을 느끼게 되었는지 이해한다.
- **턱**: 나 자신에게 연민을 느낀다.
- **쇄골**: 수치심을 존중한다.
- **겨드랑이 아래**: 이제 수치심에서 도망치지 않겠다.
- **정수리**: 수치심을 드러내면 마음이 편해진다.
- **눈썹**: 수치심을 마주하면 위안이 찾아온다.
- **눈 가장자리**: 더 이상 도망치지 않아도 좋다.
- **눈 밑**: 나는 편안하다.
- **코 밑**: 다른 무엇보다 위안이 필요하다.
- **턱**: 수치심과의 관계를 바꿀 수 있다.
- **쇄골**: 수치심을 존중할 때 더 이상 도망치지 않아도 괜찮다.
- **겨드랑이 아래**: 더 이상 도망치지 않아도 된다.
- **정수리**: 날아갈 것 같다.
- **눈썹**: 수치심을 느껴도 불안하지 않다.
- **눈 가장자리**: 나는 수치심과 새로운 관계를 시작할 수 있다.
- **눈 밑**: 나는 수치심을 느끼고 치유할 수 있다.

- 코 밑: 도망치지 않을 수 있다.
- 턱: 판단에서 벗어날 수 있다.
- 쇄골: 나는 수치심을 존중할 수 있다.
- 겨드랑이 아래: 나 자신이 부끄러워도 나를 사랑할 수 있다.
- 정수리: 무슨 일이 있어도 나 자신을 진심으로 사랑할 수 있다.

숨을 깊이 들이마셨다가 내쉰다. 그리고 MPI를 다시 외친다. "나는 부끄럽다." 다시 점수를 매기면 0점부터 10점 중에 몇 점인가?

MPI 점수: _____

이제 여러분은 깊은 안도감을 느끼고 있으리라 믿는다. 반복할수록 기분이 좋아진다는 것이 태핑의 최고 장점이다. MPI 점수가 10점에서 0점으로 떨어졌다면 태핑을 끝내도 좋다. 만약 같은 MPI 때문에 새로운 증상이 나타나면 그때 다시 시작하면 된다. 하지만 MPI가 0점까지 내려가면 다시는 그 문제를 겪지 않을 확률이 높다.

태핑은 무너진 에너지를 치유하는 과정임을 기억하기 바란다. 떠올려봤자 괴로운 과거의 기억을 모두 파헤치려고 할 필요는 없다. 자신의 판단을 드러내고 태핑을 시작할 의지만 있으면 된다. 그 과정을 믿고 따라야 한다.

효과를 극대화하려면 30일 동안 적어도 하루에 한 번씩 태핑하기를 권장한다. 첫 번째 단계에서 작성한 판단 목록을 참고하여 매일 다른 주제를 놓고 태핑하면 된다. 새로운 판단이 떠오르면 목록에 추가하고 문제의 경중에 상관없이 일단 태핑하자. 태핑을 해야 할 문제가 '따로 있는 건 아닌지' 고민할 필요 없다. 판단이 나타나는 순간 첫 번째 단계에서 배운 대로 그 밑에 숨은 무의식적인 감정 패턴을 잘 인지한 후에는 이 단계에서 배운 대로 태핑하자. 날마다 판단을 하나씩 태핑하여 치유한다. 한 문제를 놓고 며칠 동안 태핑하는 경우도 있지만, 대부분 한 번 태핑을 마치면 문제가 해결된다.

처음에는 대부분 이 책에 수록한 스크립트를 활용하겠지만, 곧 자기만의 스크립트에 따라 태핑하게 될 것이다. 단, 경혈점을 자극하는 순서는 이 책에 제시한 그대로 바꾸지 말고 따라야 한다. 부정적 감정을 다스리는 태핑을 반복하여 마음의 준비가 된 다음에 긍정적 감정을 끌어올리는 태핑으로 넘어가야 한다는 사실도 꼭 기억하자. 반복해서 태핑하다 보면 익숙해져 점점 더 직관적으로 따라 하게 될 것이다. 이 과정을 믿고 기적을 기대하라.

30일이 지나면 다음 단계로 넘어갈 것이다. 다음 단계의 수련법을 배우면서도 태핑을 이어가야 한다. 판단 디톡스 수련에는 축적 효과가 있다. 한 계단씩 쌓아 올림으로써 자유에 한 걸음 더 다가가는 것이다. EFT를 통해 큰 위안을 얻고 나면 판단이 아닌 다른 문제에도 이 방법을 적용하고 싶어질지도 모른다. 그렇다면 전적으로 찬성이다! 태핑은 감정적 트라우마는 물론이고 신체적 고통이나 분노를 다스리는 데도 매우 효과적이다.

이 책에서는 판단을 태핑하지만, 혹시 다른 감정 문제까지 아우르게 된다면 판단을 치유할 때도 긍정적인 효과를 얻을 수 있다. 신체적인 고통이나 감정적 트라우마 등 우리 앞에 불현듯 나타나는 온갖 문제들은 항상 남을 비난하고 싶은 욕구를 자극함으로써 고통을 잊게한다. 그러므로 무엇이든 나를 고통스럽게 하는 문제를 치유한다면판단 내려놓기에 도전하는 우리에게 큰 도움이 될 것이다. 근본 원인이 무엇이든 태평을 통해 얻는 자유는 이 여정을 헤쳐나가는 동안 여러분을 든든하게 지원할 것이다.

지금껏 여러분이 얼마나 용기 있는 발걸음을 내디뎠는지 잠시 생각해보자. 이 수련 과정에서 가장 어려운 부분이 바로 내 안의 판단을바라보고 상처를 존중하려는 의지를 갖는 것이다. 무너진 에너지 체계가 마음속 상처의 원인이라는 사실을 인식하고 에너지를 회복함으로써 판단의 근본 원인을 치유하는 길이 열린다.

치유의 여정을 지속하는 동안 자신의 직관을 믿기 바란다. 직감적으로 태평이 필요하다고 느낀다면 주저 없이 태평하라! 나에게 떠오른 모든 생각은 신성한 인도에 따른 것임을 믿어야 한다. 우주의 사랑은 내면의 목소리를 통해 치유의 여정을 돕는다. 우리 안에는 무한하고 다정한 지혜의 목소리를 지닌 인도자가 살고 있다. 그 덕분에 여러분이 이 책을 선택하여 여기까지 오게 된 것이다. 내면의 지혜를 믿고주저 없이 인도하는 대로 따르길 바란다. 내면의 인도자가 이끄는 선하고 질서정연한 방향에 자신을 맡긴다면 치유의 여정에서 많은 도움을 받게 될 것이다.

내면의 인도자가 어디로 이끄는지 잘 모르겠다면 이 책에 나온 단계별로 떠오르는 직관에 주의를 기울여보자. 새로운 주제를 놓고 태핑해야 할 때, 판단 목록에 또 다른 항목을 추가해야 할 때가 언제인지 직관이 알려줄 것이다. 한 번에 소화하기가 벅찰 때는 조급해하지 말라고 안내할 수도 있다. 치유의 여정에서 떠오르는 직감을 믿을 때 정신적으로나 감정적으로 더 크게 성장할 수 있다.

인생을 살아가면서 많은 시련을 겪었지만 우리는 여전히 순수한, 상처 입은 어린아이와 같다. 사회적 지위나 배경에 상관없이 모두 그렇다. 상처받지 않고 살아가는 사람은 없다. 사실 그 상처를 통해 더 독창적이고 매력 있으며 개성 넘치는 사람이 된다. 그러나 한편으로는 강박적이고 방어적이며 독선적으로 변하기도 한다. 자신의 상처를 마주할 용기를 낼 때 비로소 진정한 치유가 시작된다. 이란의 신비주의 시인 루미Rumi는 이렇게 말했다. "상처는 마음속으로 빛이 스며드는 자리다." 약한 빛 한 줄기라도 충분하니 두 번째 단계의 인도를 따라서 마음속에 빛이 들어오게 하자.

세 번째 단계로 넘어가면 내면의 인도자와 더 굳건한 관계를 맺게 될 것이다. 전체 수련 과정에서 가장 영적인 단계로, 자기 생각과 에너지, 의도를 내면의 인도자에게 맡기는 법을 소개한다. 그러면서 자신만의 영적인 관계를 쌓아가도록 도와줄 것이다. 판단을 내려놓고 논리적인 생각을 넘어 사랑에 자신을 맡길 수 있도록 여러 가지 방법으로 이끌어주고 연습할 수 있는 과제도 준비되어 있다. 어떤 용어나 과제는 다소 생소하게 느껴지겠지만 결국에는 큰 위안이 되리라고 확신한다. 오랫동안 수련해왔든 영성학을 처음 접하든 별로 상관없다. 여러분은 이제 다음 단계로 넘어갈 준비가 되었다. 열린 마음으로 이 과정을 받아들이면 기적적인 변화가 찾아올 것이다.

세 번째 단계에도 위로의 방법들이 우리를 기다리고 있다. 마음을 열고 받아들이며, 판단을 내려놓을 의지만 붙잡고 있으면 된다. 여러분은 지금까지 놀라운 일을 해냈으니 그 기적을 자축하고 얼마나 멀리 왔는지 돌아보는 시간을 가져보자. 판단을 내려놓으려면 용기와 의지, 강한 열망이 필요하다. 자신을 자랑스럽게 생각하라! 앞으로 소개할 과정을 믿고 따르며 누군가가 나를 이끌고 있다는 사실을 기억하라. 판단 디톡스 여정의 끝에는 반드시 깊은 위안과 행복이 기다리고 있을 테니.

기도
사랑을 회복하는 의식

지난 10년 사이, 나에게는 나쁜 습관이 하나 생겼다. 시계태엽처럼 여러 가지 일이 동시에 맞물려 돌아가는 사업을 관리하다 보니 중요한 결정을 내려야 하는 경우가 많았는데 늘 시간이 부족했다. 그러면서 다 끝난 일을 뒤늦게 후회하는 습관이 생긴 것이다. 이 고약한 습관에는 엄청난 파급력이 있어서 잘못된 결정을 후회할 때마다 판단과 공격성이 휘몰아치는 소용돌이에 빠져든다.

동업자와 팀원들을 원망하고 내 결정을 비난하며 성급하게 결정한 내 행동도 비난한다. 더 깊이 생각하지 못했다고, 남의 말을 너무 쉽게 믿었다고 스스로를 책망한다. 무엇보다 심각한 문제는 그런 생각에는 끝이 없다는 것이다. 내 힘으로는 어쩔 수 없는 결과에 집착해 몇 주, 몇 달, 심지어 몇 년을 보내기도 했다.

얼마 전에도 사업에 관련된 중요한 결정을 내렸는데 결국 후회하고 말았다. 후회는 극도로 부정적인 판단 속으로 나를 던져 넣었다. 그 계약은 막대한 업무량과 시간이 필요한 일이었는데 이미 진행 중인 일만으로도 정신을 못 차리면서 성급하게 또 다른 기회를 잡아버렸다. 며칠 지나지 않아 그 결정을 다시 생각하게 되었으며, 그 후로 몇 달 동안 판단의 악순환에서 헤어나지 못했다. 상담 중에도 그 생각을 놓지 못했고 남편에게 불평을 늘어놓았으며, 이미 괴롭힐 만큼 괴롭힌 친구들을 붙잡고 끊임없이 이야기했다. 똑같은 이야기를 반복하며 남과 나 자신을 원망하고 그 일을 곱씹었다. 지치고 답답한 날들이었지만 도저히 멈출 수가 없었다. 집착 이면에는 일을 제대로 처리하지 못했던 나 자신을 향한 뿌리 깊은 분노가 자리 잡고 있었다.

마음속으로 갈등을 겪는 동안에도 내가 남들에게 죄책감을 투영하는 방식을 볼 수 있었다. 내 생각을 합리화하려고 애썼지만 마음속 깊은 곳에서는 그만해야 한다는 것을 알고 있었다. 남을 향한 원망과 분노도 사실은 나 자신에 대한 비난이 투영된 것이었다. 이제 그만 받아들이고 새 출발 하여 인생의 긍정적인 부분에 집중해야 한다는 것도 알고 있었다. 1장과 2장에서 소개한 수련법을 활용했지만, 에고의 족쇄에서 완전히 벗어날 수는 없었다. 영적인 존재의 도움이 필요한 시점이었다.

이 문제를 해결하려면 영적으로 순종하는 방법밖에 없다는 생각에 그 일을 떠나보낼 방법을 깨닫도록 영적인 신호와 방향을 제시해달라고 날마다 기도했다. 누군가 내 기도를 듣고 있다고 믿고 모든 것을 내

맡겼다. 그리고 참을성 있게 기적을 기다렸다. 기도로 모든 것을 내려 놓자 끝없는 자기 비하와 집착이 잦아들기 시작했다. 마음이 안정되면서 모든 것을 내 뜻대로 통제하려는 집착을 서서히 내려놓았다.

그러던 어느 날 밤, 잠이 오지 않았다. 침대에 누웠다가, 일어나 앉았다가, 다시 돌아눕기를 반복하며 불편하게 뒤척이던 내 머릿속에는 스스로 통제할 수 없는 아주 사소한 생각들이 가득 차 있었다. 그러자 마치 기다렸다는 듯 그 일이 펑! 하고 다시 떠올랐다. 한 시간 가까이 누운 채로 '그때 더 시간을 갖고 신중히 결정했다면 상황이 어떻게 달라졌을까?' 하나하나 곱씹기 시작했다. 그 당시 책임자가 누구였는지 떠올려보다가 다시 그 문제에 사로잡힌 나 자신을 비난하기에 이르렀다. 자기 비하의 감정이 다시 맹렬히 파도치고 있었다.

문득 시계를 보니 출근 시간이 네 시간밖에 남지 않았다. 나는 기도했다. "우주여, 이 번민에서 해방되어 평정을 되찾게 해주세요." 약간 마음이 누그러졌다. 그리고 이해할 수 없지만 직관적으로 "TV를 켜."라는 생각이 들었다. 평소 자기 전에 TV를 보지 않지만, 무엇엔가 이끌려 리모컨을 집어 들었다. TV를 켜자 설교자이자 방송 전도사인 조엘 오스틴Joel Osteen의 모습이 나타났다. 나는 오랫동안 그의 이론을 지지하던 팬이었지만 그가 설교하는 모습은 한 번도 본 적 없었다. 그는 수천 명의 청중 앞에 서 있었고 그 장면은 수백만 명의 시청자에게 중계되고 있었다.

그의 입에서 흘러나온 첫 마디는 "내 힘으로 어쩔 수 없는 일에 집착하고 계신가요?"였다. 나는 당장에 TV에 대고 외쳤다. "네, 제가 그래요, 조엘!" 그의 설명은 작은 일에 집착할 때 우리는 자신을 비난하게 되는데, 그것에서 부정적인 악순환이 생긴다는 것이었다. 조엘이 말하길, 사람들은 수많은 노력과 시간을 들여 기도하지만 막상 그들이 바라지 '않는' 것을 제단에 올려놓고 기도하고 있다고 했다. 사람들의 판단이 제단 위에 올라가기 시작하면, 그것이 수많은 판단을 재생산해 결국 우리가 바라지 않는 것들로 뒤덮인 혼돈의 세상에 갇히게 된다는 것이다. 그는 우리가 어떤 결과를 통제하고 바꾸려 하거나, 이치에 맞지 않는 일들을 바라고 그것에 몰두하는 것이 우리의 믿음을 오히려 약화시킨다고 말했다. 진정한 자유로 나아가려면 더 높은 차원의 힘에 우리의 주파수를 맞춰야 한다고 했다. 즉, 제단에 사랑을 올려야 한다는 것이다.

나는 일어나 앉아서 조엘의 말 한 마디, 한 마디를 새겨들었다. 내 기도에 대한 대답임을 알 수 있었다. 판단에서 벗어나기 위해 수없이 기도한 끝에, 더 높은 차원의 에너지가 나로 하여금 TV를 켜고 지금 이 순간 나에게 필요한 이야기를 듣게끔 한 것이리라. 이번에야말로 진정으로 판단을 내려놓고 제단 위에 사랑을 다시 돌려놓아야 할 때였던 것이다. 그날 밤 이 모든 일을 '우주'에 맡기겠다고 다짐했다. 번민을 하늘로 올려보내고 사랑과 감사에 눈을 돌린다면 마음이 편안해지리라 믿었다. 여러 가지 결단을 편안한 마음으로 할 수 있게끔 마음을 청소하면 이 악순환으로부터 빠져나갈 수 있을 것이라 믿었다.

지금껏 영성을 추구하는 삶을 살면서 사소한 일 하나까지 내 뜻대로 하기보다 내 삶을 더 높은 존재에 맡기는 편이 훨씬 의미 있다는 깨달음을 얻었다. 그러나 아무리 마음을 다해 믿고 수련하며 우주와 소통해도 자주 그 교훈을 잊는다. 그날 밤 영적 인도에 따라 TV를 켠 순간, 정말 중요한 것이 무엇인지 다시금 깨달았다.

우리는 언제나 우리의 편에 서서 지지해주는 높은 차원의 힘과 함께하고 있다. 그 힘은 우리의 비뚤어진 생각들이 사랑으로 전환되도록 이끌어준다. 우리는 어떤 순간에도 사랑으로 기도할 수 있으며, 어떤 상황이나 갈등 속에서도 사랑이 빛나게 할 수 있다. 사랑은 가장 뿌리 깊은 판단마저도 사라지게 한다. 사랑은 판단의 해독제이기 때문이다. 이제 나는 어떤 문제든 영적인 힘에 치유를 구해야 한다고 믿는다. 우주의 사랑이 없다면 판단의 악순환에서 빠져나올 수 없다. 그래서 우리는 두려움 때문에 생겨난 판단을 사랑으로 바꿀 수 있는 영적인 관계를 추구해야 한다. 마음속에 사랑을 맞이해야 한다. 우리보다 위대한 힘에 문제를 맡기면 신의 인도가 시작된다.

신, 영혼, 우주의 에너지 등 무엇을 믿든 상관없다. 중요한 것은 내가 기꺼이 내려놓고 자유로워질 의지가 있느냐에 달려 있다. 판단에서 벗어나려는 열망이 있다면 충분히 영적인 관계를 맺을 수 있다. 이번 단계에서는 불신을 접어두고 자신보다 위대한 힘에 부정적인 생각을 맡기라고 끊임없이 요구할 것이다. 이런 경험이 처음이라면 더욱 기뻐하라! 영적 인도에 따라 살면 끝없는 자유와 은혜를 경험하게 될 것이니.

나는 내 안의 지혜의 목소리를 통해 영적 인도를 경험했다. TV를 켜도록 한 목소리 덕분에 나에게 꼭 필요한 설교를 전파하던 조엘 오스틴을 만날 수 있었다. 우리는 기도할 때 직관적인 인도에 의식을 열어둔다. 스스로 인도를 구하고 그것에 귀 기울일 여유만 있다면 누구나 경험할 수 있는 일이다. 논리적으로 접근하면 이 과정이 어려울 수 있다. 마음 한편에서는 집착을 놓지 못하고 내 뜻대로 통제하기를 바라는 것도 당연하다. 기도하는 사람들조차 마음을 비우려는 목적이 아니라 자기 뜻대로 상황을 통제하고 싶어 기도를 이용하는지도 모른다. 우리는 모두 자기 의지대로 하고 싶은 열망에 익숙하다. 판단에 빠지는 이유는 자신이 상황을 통제하면서 느끼는 안정감을 잃고 싶지 않아서인데, 역설적이게도 그렇게 하면 판단에 계속 조종당할 수밖에 없다.

우리 모두에게는 내면의 지혜가 있다. 우리가 스스로 도움을 요청하길 간절히 기다리는 사랑과 치유의 목소리다. 기도하면서 도움을 구하는 순간 영적 인도를 향한 보이지 않는 문이 열린다. 의식적으로 인도를 받아들일 준비가 되면 그 길은 여러 가지 형태로 나타난다. 노래나 책 속에서 나타나기도 하고 강력한 깨달음을 통해 드러날 수도 있고 친구나 종교 지도자를 통해 다가올 수도 있다. 삶의 방향을 알려주는 영적인 인도를 경험하는 방법은 매우 다양하므로 어떤 형식이든 상관없다. 중요한 것은 자신이 도움을 구할 의지가 있느냐이다.

한 번도 기도를 해보지 않았거나 오랫동안 기도하지 않은 이들에게 일러둘 조언이 있다. 기도에는 이미 판단을 버리고 싶은 열망이 녹아 있으니 어떻게 기도해야 할지 알고 있다고 믿어라. 판단을 내려놓으려고 기도하는 행위는 신성한 중재자를 초대하는 것이다. 중재자는 독선으로 물든 생각을 치유하고 다시 사랑으로 돌아갈 다리를 놓아주는 영혼의 안내자다. 내면의 인도자는 우리와 어떻게 소통할지 정확히 아는 다정한 선생님 같아서 그가 전하는 메시지는 우리에게 울림을 줄 것이다. 이 선생님은 창조적이고 현명하며 자애로워서 우리가 인도의 손길을 외면해도 더 큰 손을 뻗어줄 것이다.

내면의 지혜에는 '성령', '신', '우주', '영', '내면의 인도자' 등 여러 가지 이름이 있다. 이 용어들을 나는 서로 같은 뜻으로 사용할 것이다. 내면의 지혜는 셀 수 없이 많은 길을 열어 우리 생각 속에 사랑을 회복시키고, 각자에게 맞는 독창적인 방식으로 그 길을 안내할 것이다.

인도를 구하기만 하면 즉시 응답이 온다. 기도로 도움을 구한 후에는 인도자가 어느 방향을 가리킬지 주의를 기울이기만 하면 된다. 방향을 알았다면 망설임 없이 따르라. 다만 자유의지를 잃지 말고 현명하게 결정해야 한다. 인도의 손길을 느끼면서도 등 돌리거나 외면하는 사람은 여전히 자기 생각이 옳다고 느껴서일 수도 있고, 판단을 내려놓기가 불안해서일 수도 있다. 그래도 괜찮다. 기도를 멈추지만 않으면 된다. 그러면 어느 순간 마음의 문이 열릴 것이다.

당장은 사랑의 인도에 어떻게 귀 기울여야 할지 감이 오지 않을 수도 있다. 인도하는 대로 따른다고 생각하면 덜컥 겁이 나거나 의심부터 생길 수도 있다. 내가 보는 세상의 모습은 외부에 투영된 나의 마음 상태이므로 그 모습을 바꾸는 일은 '내면에서부터' 시작되어야 한다. 바깥세상을 다르게 보고 싶다면 기도를 통해 내 생각부터 바꾸어야 한다는 뜻이다.

판단 디톡스 수련의 처음 두 단계에서 우리는 두려움에서 파생된 판단을 가만히 바라보고 그것이 자신이 진정으로 원한 일이 아니었음을 깨달았다. 마음속 어떤 부분에서 두려움과 판단을 선택했는지 목격했다. 머릿속의 판단은 고통을 피하고 과거의 트라우마를 부정하며 상처를 숨기려는 시도에서 비롯된 것임을 깨달았다.

판단을 선택한 편협함과 진실을 추구하는 용기가 자기 안에 공존한다는 사실을 받아들일 때, 기도와 함께하는 치유의 여정이 시작된다. 우리는 판단에 대항하여 싸우고 투쟁하기보다 높은 존재에게 맡기고 치유의 가능성을 받아들이는 길을 선택할 수 있다. 그런 변화를 이끌어내기 위해 도움이 필요하다는 사실을 인정하고 기도로 도움을 청할 수 있다.

누구에게나 판단하는 본성과 자유를 향한 열망이 함께 내재해 있음을 늘 기억하고 있으면 도움이 된다. 판단이 내 안의 두려움에 대한 반응이라는 것을 인식하면, 우리에게는 평화로운 선택을 할 힘이 생긴다. 판단하는 습관을 더 높은 차원의 힘에 내맡기고 우리의 마음에 사랑을 맞이하겠다고 기도하면 판단의 영향력은 금방 사그라들 것이다. 판단을 사랑으로 이끄는 영적인 존재, 내면의 인도자의 목소리를 알아차리고 그 목소리에 의지하자.

여러분이 내면의 인도자와 진정한 관계를 맺을 수 있도록 구체적인 수련법을 정리해보았다. 이 방법을 활용해 도움을 구하고 받는 대화를 시작하기 바란다. 수련법을 따라 하면서 나에게 찾아올 인도의 목소리에 주의를 기울이자.

내려놓고 싶은 판단 파악하기

잠시 시간을 갖고 지금 나를 괴롭히는 판단 하나를 고르자. 태핑을 해도 별 효과가 없었거나 지금껏 감히 손대지 못했던 생각을 이번에 선택해도 좋다. 어려운 문제일수록 기도를 통해 내면의 인도자에게 내맡겨야 한다.

2016년에 주최한 판단 디톡스 수련회에서 어느 젊은 여성이 마이크를 들고 말했다. "가브리엘, 당신의 수련법이 정말 마음에 들고 다른 사람에 대한 판단에서 해방되고 싶은 의지도 생겼어요. 하지만 유독 한 사람만은 안 되겠어요. 고작 고등학생이었던 날 강간한 가해자이지요." 그녀는 지금껏 가해자를 향한 증오로 삶을 버텨왔기 때문에 도저히 용서하고 싶지 않다고 털어놓으며 흐느꼈다.

그를 향한 증오를 떠나보내기 두렵다는 심정에 나는 깊이 공감했다. 나 또는 내가 사랑하는 사람에게 깊은 상처를 준 누군가를 미워하지 않기란 불가능에 가까울 테니까. 용기 있게 자신의 이야기를 털어놓은 그녀에게 나는 이렇게 대답했다. "마음속의 증오를 떠나보내지 못하면 결국 상처 입는 것은 자기 자신입니다." 마음속에 원한을 품고 있는 동안 그녀는 날마다 트라우마에 시달리고 있었다. 논리적으로 설명할 수는 없었지만 그녀에게 자유로워지고 싶은 열망, 기도를 통해 순종하려는 의지가 보였기 때문에 충분히 증오를 내려놓을 수 있다고 생각했다. 진정한 자유와 위안을 향한 여정을 시작하는 데 필요한 조건은 열망과 의지뿐이기 때문이다. 어찌 됐든 입 밖으로 이야기를 꺼냈다는 것만으로도 이미 그 여정에 오른 것이다.

나와 내가 사랑하는 사람에게 깊은 상처를 준 누군가를 용서한다는 것은 논리적으로 생각하면 배신처럼 느껴진다. 증오를 내려놓는다는 상상만으로도 고통스러울 수 있다. 그 증오를 붙들고 있었기 때문에 지금껏 살아 있다고 생각할지도 모른다. 그러나 그런 생각은 허상일 뿐이다. 나에게 상처 준 사람을 끊임없이 증오하면 그 생각에 에너지를 소진하게 되는데, 이는 살기 위한 방법이 아니다. 증오를 떠나보낼 구체적인 방법은 모른다 해도 내려놓을 수 있다고 믿어야 한다. 그렇게 믿는 순간 기도의 힘이 시작된다. 자신이 해결하지 못하는 일도 더 높은 힘을 지닌 존재라면 해낼 수 있다. 나를 초월한 존재에게 어려움을 맡기고 그 존재가 해결해준다고 믿으면 된다.

우리의 본성은 사랑이지만, 정작 우리는 그 사실을 잊고 살아간다. 외부의 두려운 경험들과 타인으로부터 나를 지키기 위해 사랑과 등지고 판단에 기댄다. 그러나 우리는 곧 사랑이다. 이것이 진실이다. 내면의 인도자는 사랑을 기억해낼 수 있는 감정과 생각, 상황으로 우리를 이끈다. 사랑을 기억해내고 나면 더욱 사랑을 갈망하게 될 것이다.

사랑에는 보이지 않는 긍정의 에너지장이 있어 우리를 끌어당긴다. 사랑과 단절되었음을 인식할 때 우리는 내면의 인도자에게 도움을 구할 것이다. 그러면 사랑에 저항하는 대신 나를 끌어당기는 사랑의 힘을 느낄 수 있다.

이제부터 소개할 수련법을 실천하면 사랑 넘치는 자신의 본성을 기억하게 될 것이다. 기억이 돌아오면 사랑을 더 갈망할 것이고, 그 사랑에 닿기 위해 판단을 내려놓게 될 것이다. 지금껏 왜곡된 생각이 사랑을 가로막고 있었다는 사실을 명확히 알고, 사랑의 본성을 따르지 못하게 방해하는 것은 무엇이든 사라지게 할 것이다. 이 장에서 소개하는 수련을 따라가다 보면, 내면의 인도자가 당신의 잠재의식에 참여하게 되고, 영적인 인도가 시작될 것이다. 지금껏 붙잡고 있던 판단을 노트에 적으며 이 수련을 시작하자.

내려놓고 싶은 판단: _____

—
판단을 내려놓는 기도

이제 기도의 제단에서 판단을 내려놓고 사랑을 올려놓을 때가 왔다. 우주의 보살핌에 자신의 두려움과 독선을 내맡기는 심오한 행위가 삶의 방식을 바꿀 것이다. 언제든 자기 의지에 따라 부정적 생각을 뛰어넘을 수 있다고 믿을 때 새로운 차원의 자유와 행복을 느끼게 된다. 항상 나에게 열려 있는 초월적인 힘과 대화를 시작하는 것이다. 그러나 그 인도를 받으려면 인도자를 스스로 초대해야 한다. 사랑을 나의 의식으로 초대하는 기도를 해야 한다는 뜻이다. 여러분이 자기만의 기도법을 터득하는 데 도움을 주고자 내가 개인적으로 즐겨하는 기도문을 이 책에 소개한다. 그중 하나 정도는 여러분의 마음에 울림을 주길 기대하면서.

—

기도는 판단으로 점철된 내면을 사랑으로 회복시키기 위해 영적인 힘을 자신에게로 초대하는 행위다. 영적인 힘이란 올바른 마음을 가진 자신에게서 들려오는 내면의 목소리다. 두려움과 판단에 사로잡히면 이 목소리에 등을 돌리고 듣지 못하게 되는 것이다. 영적인 힘에게 기도하는 것은, 판단에 초점이 맞춰진 우리의 마음을 원래의 상태로 돌려놓기 위해 도움을 청하는 것이다. 기도를 통해 판단하는 자신을 자각하고, 그렇게 판단하게 된 때로 돌아가 다시 선택하자.

너무 구체적인 사안에 대해 도움을 구할 필요는 없다. 오히려 그러지 않는 편이 좋다. 예를 들어 어떤 일자리를 선택할지, 어떤 사람과 관계를 지속할지, 어떤 차를 살지 등의 문제로 내면의 인도자를 찾지 말자. 연애 상대나 자동차 같은 구체적인 의사 결정에 도움을 구하는 것은 스스로 문제의 본질을 이해한다고 자만하면서 자신이 원하는 형태로 답을 내놓으라고 영적 존재에게 요구하는 것이다. 그러나 우리는 대부분 문제의 본질을 모르고 있을 때가 많다. 구체적이긴 하지만 잘못된 질문에 답을 구해봤자 아무 소용 없다. 따라서 구체적인 결과를 바라고 기도하기보다는 자신의 생각에 사랑을 회복시켜 달라고 기도하는 것이 좋다.

기도가 익숙하지 않은 사람이라도 이 기도법을 폄하하지 않았으면 좋겠다. 이 책은 자신의 울타리에서 벗어나는 방법을 다루고 있다. 오랫동안 나를 구속하던 자기 파괴적인 패턴을 포기하려면 기꺼이 새로운 방식을 시도해야 한다. 그러니 쉽게 중단하지 말고 일단 시도하자. 어떤 말로 기도하든 중요하지 않다. 신이나 우주, 내면의 인도자 등 누구에게 기도해도 상관없다. 두려움을 사랑으로 변화시키려는 자신의 의도가 기적을 만든다. 여러분이 기도 수련을 시작하는 데 도움을 주고 싶어서 미리 녹음한 기도문이 있으니 들어보기 바란다. 녹음 파일은 나의 자료실GabbyBernstein.com/bookresources에서 찾을 수 있다.

내맡기는 기도

판단을 내려놓으려면 자신을 먼저 내려놓고 영적인 힘을 온전히 따를 수 있어야 한다. 진심 어린 마음이 없다면, 영적인 목소리를 자신 안에 품기 힘들고, 판단을 떠나보낼 때 많은 걸림돌을 마주하게 된다. 영적 인도자의 목소리는 언제든지 열려 있다. 판단을 내려놓고 그 목소리를 듣기만 하면 된다. 다음에 소개하는 내맡기는 기도가 도움이 될 것이다. 내면의 인도자와 소통을 시작하는 효과적인 방법이다.

내 안의 인도자여, _____에 대한 판단을 내려놓을 수 있도록 도와주세요. 나는 준비가 됐습니다. 기꺼이 마음에 사랑을 맞이하여 나의 내면이 진실과 은혜로 채워지길 바랍니다. 판단을 내려놓고 사랑의 눈으로 바라볼 준비가 됐습니다.

내맡기는 기도는 판단을 내려놓는 데 저항감이 생기고 진전이 없다고 느껴질 때 안성맞춤이다. 이 기도문을 활용해 공격적인 생각에서 벗어나고 싶다는 열망을 유지하자. 사랑에 내맡기는 기도는 내려놓고 받아들이기 위한 수련이다.

수용의 기도

미국의 알코올 중독자 모임 AAAlcoholics Anonymous의 12계명에 따르면 마음속에 화가 있으면 자기 머리를 야구방망이로 후려치는 것만큼이나 치명적이라고 한다. 이를 마음에 새기고 독선적인 생각이 들면 기분이 어떻게 달라지는지 생각해보자. 잠깐은 기분이 나아지고 자신이 옳다고 생각하겠지만, 그런 자기중심적인 만족감은 차츰 사라지고 만다. 독선에 사로잡히면 기운이 빠지고 쉽게 회복되지 않아 나쁜 기분을 떨칠 수 없다. 수용의 기도를 하면 자기중심적인 생각이 더 이상 해결책이 될 수 없음을 받아들이게 될 것이다.

나는 두려움이 목을 죄어올 때마다 수용의 기도를 하면서 사랑의 눈으로 세상을 바라볼 수 있었다. 요즘도 언제든 독선에 사로잡힐 때 이 기도문을 떠올린다. 이 기도는 언제나 내 생각이 전부 진실은 아님을 되새기게 해준다. 수용의 에너지 덕분에 불만을 버리고 최고선이 내어주는 해결책을 받아들이게 된다. AA에서 펴낸《빅 북the Big Book》에 실린 수용의 기도를 소개할 테니 즐겁게 활용하기 바란다.

지금 내가 겪고 있는 모든 문제의 해결책은 '받아들이는' 것입니다. 내가 혼란스러움을 느끼는 이유는 사람이나 장소, 물건, 상황 등 내 삶의 일부인 어떤 것을 도저히 받아들일 수 없다고 생각하기 때문입니다. 지금, 이 순간 나를 둘러싼 모든 것을 있는 그대로 수용함으로써 평화를 찾겠습니다.

이 기도에는 강력한 에너지가 있다. 도저히 수용할 수 없을 것 같아도 이 기도문을 되뇌면 생각이 바뀐다. 주기적으로 이렇게 기도하면서 마음속에 어떤 변화가 일어나는지 주목하자.

다시 선택하는 기도

《기적수업》의 243번째 가르침에서는 이렇게 선언한다. "나는 오늘 그 무엇도 판단하지 않을 것이다." 나는 날마다 이렇게 기도하며 판단을 내려놓는 선택을 하려고 노력한다. 하루를 시작하기에 이만한 방법이 없다. 판단은 자신의 선택이므로 왜곡된 생각을 내려놓겠다고 선택하면 실제로 내려놓게 될 것이다. 아침에 일어나면 이 기도를 활용해 수련하자. 눈을 뜨는 순간 이렇게 말한다. "나는 오늘 그 무엇도 내 잣대로 판단하지 않겠습니다." 그리고 남은 하루가 어떻게 흘러가는지 주의 깊게 살펴보자. 판단에 사로잡히는 순간 알아채거나 판단 섞인 말이 나올 때 멈추고 다른 화제를 선택할지도 모른다.

나는 오늘 그 무엇도 판단하지 않겠습니다.

이 기도문에는 오묘한 힘이 있다. 이렇게 기도하면 의식적으로 사랑과 하나 되는 생각을 하고 인도자의 목소리를 따르는 선택을 하게 된다. 이런 선택이 늘어날수록 독선에 빠질 일이 줄어든다. 머잖아 이 기도는 여러분의 좋은 습성이 되어 모든 판단에 통하는 간편한 해결책이 될 것이다. 내가 특별히 좋아하는 기도문이다.

이 기도가 마음에 울림을 준다면 수시로 볼 수 있게 휴대전화에 알람 설정을 하는 것도 좋다. 그리고 언제든 신이 내 생각을 사랑으로 돌려놓으리라는 것을 믿기 바란다.

생각을 용서하는 기도

마지막으로 소개할 기도는 생각을 용서하는 기도다. 독선적인 생각은 용서하면 사라진다. 나는 머릿속에 판단하는 생각이 생기면 금방 용서하는 연습을 하고 있다. 마음속으로 자신에게 다음과 같이 말하는 것이다.

지금 이 생각을 용서하고 다시 선택하겠습니다.

이렇게 기도하면 바로 마음이 편안해진다. 나의 의지만으로 한순간에 판단의 악순환을 끝낼 수 있다. 생각을 용서하려고 마음먹을 때는 그릇된 선택을 한 자신을 용서하고 다시 마음을 가다듬는다. 이렇게만 하면 언제라도 용서할 수 있다. 그릇된 생각을 용서하기로 선택하는 순간 다시 사랑과 하나 되어 선물처럼 용서가 찾아온다.

용서도 일종의 수련이다. 끝없이 이어지는 과정이기 때문이다. 나는 온종일 내 생각을 용서한다. 언제나 독선에 사로잡힌 에고의 목소리가 앞서기 때문에 용서에 의지해야만 생각을 다시 정렬하고 사랑으로 돌아올 수 있다. 온종일 자신의 판단을 주의 깊게 바라보면서 생각을 용서하고 다시 사랑의 마음으로 돌아오는 기도 수련을 해보자. 어디에서나, 어느 때나 마음속으로 할 수 있는 수련이다. 우리는 그저 용서하겠다고 마음만 먹으면 된다.

기도 활용법

지금까지 소개한 기도문은 여러분이 판단을 내려놓고 영적 인도를 구하도록 특별히 엄선한 것들이다. 네 가지 중 적어도 하나를 선택해 규칙적으로 기도하기 바란다. 더 높은 힘과 의식적으로 만날수록 더 든든한 지원과 인도를 받을 수 있다. 정해진 기도법은 없다. 말이나 생각, 의지 등 무엇을 통해서든 기도할 수 있다.

개인적으로는 일기장에 기도문을 쓰는 방법이 매우 효과적이었다. 기도문을 적으면 마음속 고통이 사라지고 나를 치유할 보이지 않는 힘을 초대하는 느낌이 든다. 기도문을 적으면서 마음이 편해진다면 날마다 영적 수련의 일부로 실천해보자. 판단을 기도로 바꾸는 첫걸음을 떼기만 하면 그다음부터는 우주가 이끌어줄 것이다.

개인적인 바람이 있다면 여러분이 날마다 기도하는 습관을 들이면 좋겠다. 기도하면 우리의 진정한 본질이자 근원인 사랑의 에너지에 집중할 수 있다. 사랑의 에너지가 우리를 앞으로 나아가게 하고 우리가 바라는 것을 끌어당긴다. 마음을 정화하는 여정이 계속될수록 사랑의 에너지를 따라가야 한다. 날마다 새로운 기도를 하면 길이 열릴 것이며, 기도로 도움을 구하면 언제나 인도받을 것이다.

영적 인도

기도하고 나면 영적 인도에 주의를 기울여야 한다. 누구나 소통할 능력이 있지만 그 방식은 저마다 다르다. 똑같이 기도해도 각자에게 울림을 주고 자신의 사고 체계와 닮은 방식으로 인도받게 될 것이다. 영적 인도를 알아보는 것은 각자의 몫이다. 나는 기도를 하면 직감으로 무언가를 깨달을 때가 많다. 어떤 생각이 마음속에 떠오르는데, 이유는 몰라도 그 생각이 옳다는 확신이 든다. 그렇게 확신이 드는 생각이야말로 초월적인 존재가 전해준 메시지임을 알 수 있다. 그래서 기도할 때 나는 직감의 형태로 인도를 받으리라 예상한다. 이것은 권위 있는 내면의 목소리가 방향을 알려주는 듯한 느낌이다. 너무 강렬해서 부정할 수 없는 느낌, 마치 나에게 TV를 켜라고 지시해 조엘 오스틴의 설교를 듣게 했던 내면의 목소리처럼.

영적 인도는 생각지도 못한 특별한 방식으로 나타나기도 한다. 지난 몇 년 동안 만났던 수많은 사람이 우연히 서점의 서가에 놓여 있던 내 책이 자기 바로 앞에 떨어져 나를 알게 되었다고 말했다. 그들은 모두 비슷한 이야기를 털어놓았다. 변화를 갈구하며 의식적으로나 무의식적으로 기도하다 보니 서점의 자기계발 서가에 이르게 되었고, 그들 발치에 내 책 한 권이 떨어졌다는 이야기였다. 나는 항상 이렇게 대답한다. "꼭 필요한 순간에 읽게 되는 법이죠." 영적 인도는 책이나 영적 스승, 유튜브 영상, 다큐멘터리, 강좌 등 다양한 매개체로 우리를 이끄는 경우가 드물지 않다.

영적 인도는 대부분 시간이 흐르면서 우리가 배우고 성장하여 치유되도록 설계되어 있다. 영적 인도로 금세 갈등이 해결되는 경우도 있지만 대부분 어떤 사람이나 상황, 깨달음 등을 통해 문제의 근원을 치유하게 된다. 진정한 위안을 얻으려면 판단과 단절에 숨은 어두운 생각을 치유해야 한다는 사실을 기억하자. 우리는 판단을 치유하는 데 가장 필요한 것을 만나게 될 것이다. 문제를 빨리 해결하고 즉시 위안을 얻고 싶다고 생각하겠지만, 우리에게 가장 필요한 것이 사랑을 회복하는 일임을 내면의 지혜는 알고 있다. 진정으로 사랑을 회복하는 유일한 길은 치유하려는 의지에 있다. 우리를 이끄는 인도에 순종하며 상처를 치유할 수 있는 방향으로 따라가는 것이 중요하다.

예를 들어 어린 시절 자기에게 무관심했던 부모님을 미워한다고 가정해보자. 미움을 내려놓고 기도하며 인도를 구한다. 다음 날 잡지에서 아동 방임 분야 전문가인 상담 치료사의 인터뷰 기사를 읽게 된다. 인터넷에서 이 상담 치료사에 대한 정보를 검색하다가 그녀의 사무실이 집 근처임을 알게 된다. 며칠도 안 되어 첫 수업을 예약한다. 도움받을 의사를 만나게 되었으니 어린 시절 상처를 돌아봐도 괜찮을 것 같다는 느낌이 든다. 영적 인도는 이런 식으로 나타난다. 스스로 사랑이 아닌 두려움을 택했음을 인정하고 기도로 도움을 구하면 마음가짐을 바꾸게 할 인도를 받고, 그 인도에 따라 사랑을 회복하게 되는 것이다.

내 친구 케이티의 경험은 정말 이상적으로 영적 인도를 경험한 사례다. 지난 2010년, 케이티는 두 번째 직장에서 2년 만에 해고되어 경제적 어려움을 겪으며 지치고 낙담해 있었다. 패배 의식에 빠졌고 다시 실업자가 된 자신이 부끄러웠다. 그때 그녀는 영적인 삶을 추구하지 않았지만 너무 두렵고 불안한 나머지 기도에 매달려보기로 했다. 누구에게 기도해야 할지도 몰랐지만 일단 상황을 다르게 보게 해달라고 기도하면서 무엇이든 떠오르는 생각을 따랐다. 그러자 곧장 마음이 가벼워지면서 직감적으로 명확한 메시지가 들렸다고 한다. 참을성 있게 기꺼이 자기만의 길을 간다면 꿈꾸던 일을 할 수 있다는 메시지였다. 그 후 케이티는 즐겁지 않은 일에 더 이상 목매지 않았다. 자신이 즐길 수 있는 기회를 찾는 데 에너지를 집중했다. 그리고 몇 주도 채 지나지 않아 그녀의 친한 친구가 누군가를 소개해주었는데……, 그렇게 우리는 만났다! 프리랜서로 일할 홍보 에디터를 찾고 있던 나에게 한 친구가 케이티를 추천했다. 케이티는 전일제 일을 찾고 있었지만 자신에게 찾아온 인도에 순종하여 갑작스러운 나의 제안을 받아들였다. 그녀는 이제 성공한 작가이자 편집자가 되었다. 이 책을 편집할 때도 케이티의 도움이 컸다!

영적 인도는 이렇게 나타난다. 스스로 사랑이 아닌 두려움을 택했음을 인정하고 기도로 도움을 구하면 마음가짐을 바꾸게 할 인도를 받고 그 인도에 따라 사랑을 회복하게 되는 것이다. 기도 수련을 시작할 때 어떻게 영적 인도와 소통하게 되는지 주목해보자. 직관적인 소통의 힘을 믿을수록 더욱 다양한 인도를 경험하게 될 것이다. 자신에게 이야기하는 방식을 알아두고 무엇이 다가오든 믿어야 한다.

과거에 경험했던 영적 인도에 의지하여 자신의 믿음을 성장시킬 수도 있다. 나는 이것을 영적 증거라고 부른다. 언제든 서로 관련된 일이 동시에 일어날 때면 영적 인도를 받고 있는 것이다. 잠시 시간을 갖고 지금껏 살아오면서 초자연적인 인도를 받은 순간이 언제였는지 떠올려보길 바란다.

그 사례를 지금 노트에 적는다. 그리고 영적 증거를 존중하는 시간을 갖고 그것을 추진력 삼아 더 강력하게 소통하도록 기도하자. 만약 영적 증거가 하나도 없는 사람이라면 오히려 기뻐하시라. 이 책에서 소개한 기도문이 의식을 열어 직관적으로 인도를 받아들이게 해줄 테니 말이다. 이것이 판단 디톡스 수련 세 번째 단계의 목적이다. 그러니 이제 시작만 하면 된다!

영적 인도는 사람들을 통해 찾아올 수도 있다. 길에서 만난 낯선 사람이나 우연히 본 인스타그램의 글귀를 통해 자기에게 꼭 필요한 메시지를 받게 되는 경우도 있다. 특히 자기 전에 기도하면 꿈을 통해서도 인도받을 수 있다. 잠들기 전에 앞서 소개한 기도문을 활용해보자. 그러면 기도가 꿈에 영향을 미쳐 부정적인 생각과 판단을 해소할 수 있다. 기도하면 어디서든 치유의 힘이 깃든 인도를 받을 수 있다.

한편, 기도는 자신을 위해서만 하는 것이 아니라는 사실을 기억하면 더 큰 위안을 얻을 것이다. 우리가 기도하면 주변 사람들도 느낀다. 기도에는 멀리서도 느낄 수 있는 에너지 주파수가 있어 우리가 다른 사람에게 사랑이 담긴 기도를 보내면 그들도 강렬하게 느낀다. 지금껏 다른 사람들을 나쁘게 생각했다면 그들에게 부정적인 기도를 보내고 있었던 셈이다. 이런 부정적인 에너지를 긍정적으로 바꾸려면 우선 판단의 늪에서 빠져나와 사랑의 기도로 다가가야 한다. 기도하면 불만을 해소하고 두려움이 자리 잡았던 마음 한편을 비워 관계를 치유할 준비를 할 수 있다.

내 이야기를 하자면, 처음 이 일을 시작할 때 나는 매우 가깝게 지내던 동료와 동업을 했다. 우리는 모두 20대 초반이었고 각자의 에고에 따라 행동했다. 우리 관계의 바탕에는 단절과 비교, 판단이 자리 잡고 있었다. 마침내 심각한 갈등이 나타났고 도무지 해결책이 보이지 않았다. 우리에겐 기적이 필요했다.

나는 우리 사이의 부정적 기류에 지칠 대로 지쳐 한 영성 멘토에게 조언을 구했다. "가브리엘, 당신이 행복하고 평안하기를 바라는 만큼 동료에게도 행복과 평안을 빌어주세요." 세상에! 나는 깜짝 놀라 다시 물었다. "왜 그래야 하죠? 저를 미친 듯이 화나게 하는 분노 유발자인 걸요." 멘토는 동료를 위해 기도하면 내 마음속의 미움이 사라지고 평안함이 찾아올 거라고 설명했다. 내 마음이 편안해지면 상대를 향한 공격적인 에너지가 사라져 상대방도 해방감을 느낄 거라고 했다.

나는 그 불편한 관계를 꼭 치유하고 싶었으므로 동료를 위해 날마다 기도하기 시작했다. 그녀가 행복해지고 무슨 일이든 잘 풀려서 마음의 평화를 찾게 해달라고 기도했다. 내가 그토록 원하는 기쁨과 평정심을 그녀 역시 찾게 해달라고 기도했다. 이런 기도가 소용이 있을까 하고 의심하던 차에 효과가 나타나기 시작했다. 마음이 훨씬 편안해진 것이다. 내 마음속의 사랑이 에고의 판단보다 강해졌다. 그녀를 위해 기도하자 다시 내 본성에 닿을 수 있었고 마음속 불평을 털어버리니 놀라우리만치 기분이 가벼워졌다. 무엇보다 멋진 결과는 내 변화를 동료도 느꼈다는 점이다. 기도를 시작한 지 일주일 만에 그녀의 행동이 달라졌다. 내 말에 더 친절하게 귀 기울여 주었으며, 함께 일하는 것이 다시 재미있어졌다. 기도 덕분에 우리 사이의 에너지가 바뀐 것이다. 기도하자 그녀를 향한 공격적인 에너지가 해소되었다. 그러자 그녀도 나를 더 친절하게 대해도 되겠다고 느낀 것이다. 우리에게 필요했던 기적이 찾아오면서 얼마 지나지 않아 관계는 치유되었다.

《기적수업》에 '기도는 기적의 매개자'라는 표현이 나온다. 기도에는 생각을 두려움에서 사랑으로 바꾸는 힘이 있다. 기도는 영적 에너지를 빌려 마음을 정화하는 행위다. 에고의 공격적인 생각을 씻어 내면 그 자리를 사랑의 기억으로 채울 수 있다. 내가 행복하고 편안하기를 바라는 만큼 친구도 그렇게 되기를 기도하면서 나는 에고가 만들어내는 생각을 버리고 사랑을 회복했다.

기도 수련을 하면 의심할 여지없이 기적적인 변화가 찾아온다. 앞서 소개한 기도문을 날마다 읽는 것부터 시작하자. 기도를 통해 사랑을 회복하자. 날마다 기도하면 내 안의 판단을 바꿀 기회를 만날 수 있다. 나는 매일 아침 기도로 하루를 시작하는 것을 좋아한다. 그래야 종일 사랑에 온 마음을 쏟을 수 있기 때문이다. 하지만 꼭 아침이 아니어도 상관없다. 틈날 때마다 기도하면서 필요할 때 바로바로 도움을 받을 수도 있다.

기도가 내 삶에 기여하는 방식은 다양하다. 여러분도 매일 기도 수련을 시작할 때 자신에게 무엇이 찾아올지 주의를 기울이기 바란다.

가장 중요한 점은 자신에게 찾아온 사랑의 메시지를 의심하지 않는 것이다. 기도는 저항심을 내려놓게 한다. 우리가 받는 메시지와 인도는 생각을 사랑으로 이끄니 그 인도에 따라 사랑을 받아들이는 것이 우리가 할 일이다.

사랑의 인도를 따르든 무시하든, 선택은 각자의 몫이다. 이때 내면의 인도자는 우리에게 감당 못 할 고민을 안겨주지 않는다는 사실을 기억하자. 언제나 우리 자신뿐 아니라 모두에게 가장 좋은 길을 알려준다. 그러니 내면의 지혜를 믿고 두려움 없이 그 길을 따르기 바란다. 여러분 앞에 찾아온 영적 인도를 받아들이기만 해도 얼마나 마음이 가벼워지는지 경험해보면 깜짝 놀랄 것이다.

영적 인도를 외면할 수도 있다. 하지만 그런 후에는 무의식적으로 자신을 더 비난하게 될지도 모른다. 나의 참모습을 부인한 듯한 기분이 들 것이다. 그러면 수치심과 죄책감의 소용돌이에 더욱 깊이 빠져들어 판단의 악순환이 계속된다. 이런 이야기를 하는 이유는 여러분을 겁주려는 것이 아니라 인도자의 목소리를 억누를 때 어떤 현상이 나타나는지 알려주려는 것이다. 우리의 직감은 사랑이라는 충만한 마음 상태로 우리를 이끈다. 이 사실을 믿으면 나를 찾아온 영적 인도의 목소리에 귀 기울이고 따를 수밖에 없게 된다.

판단 디톡스 수련의 세 번째 단계로 기도를 선택한 이유는 앞으로 이어지는 과정에서 의지할 만한 도구를 제시하고 싶었기 때문이다. 기도는 우리를 다시 사랑으로 이끌 안내자가 될 것이다. 그러니 기도에 의지해도 좋다. 좋은 생각과 에너지를 회복하려면 내 뜻대로 하려는 마음을 내려놓고 나보다 더 지혜로운 큰 힘에 의지하는 것이 효과적이다. 영적 인도를 따르면 행복한 꿈을 꾸듯 삶이 달라질 것이다.

기도 수련을 하다 보면 자연스럽게 다음 단계로 이어진다. 기도하는 동안 우리는 시간의 흐름을 멈추고 과거를 떠나보낼 수 있다. 기도를 통해 과거를 놓아주는 심오한 행위는 어떤 잘못을 저지른 사람이라도 귀한 존재로 바라보도록 도와준다. 상대가 누구든 포용하고 사랑하며 연민을 갖는 것, 이것이 다음 단계 수련의 목표다.

지금껏 배운 가르침에 더하여 새로운 수련을 하는 동안 내 안의 판단을 치유하려는 의지를 계속 간직하기 바란다. 그러면 날이 갈수록 에고의 저항이 사라질 것이다. 이 수련은 하나의 과정임을 잊지 말고 지금까지 체험한 기적을 일기에 기록하여 기념하자.

대단한 사건만 적으란 법은 없다. 작은 기적의 순간을 하나씩 더해 가다 보면 여정의 끝에서 돌아볼 때 자신에게 일어난 큰 변화에 놀라게 될 것이다.

STEP 4

수용
처음처럼 바라보라

나는 아버지와 사이가 좋지 않아 오랫동안 힘든 시간을 보냈다. 중요한 문제를 놓고 의견이 달라 자주 갈등을 겪었고, 일주일에 한 번 정도 통화할 때면 매번 소리 높여 언쟁을 벌이다 전화를 끊었다. 시간이 흐를수록 아버지와의 사이는 더 벌어졌다. 그러나 내가 어떻게 판단에 사로잡히는지 알게 되자 변화가 일어났다.

어느 일요일 오후, 여느 때처럼 아버지로부터 전화가 왔다. 처음 15분 정도만 해도 조심스럽게 대화하던 우리는 케케묵은 문제를 놓고 다투기 시작했다. 점점 언성이 높아지고 늘 그랬듯이 서로 공격하고 반목하는 패턴에 빠졌다. 수화기에 대고 소리를 질러대던 나는 문득 어릴 때 하던 행동을 반복하고 있다는 사실을 깨달았다. 그래서 이번 엔 조금 다르게 대처해보기로 했다. 조용히 아버지가 하는 말을 듣기만 한 것이다. 내가 아무 말도 하지 않자 아버지는 흥분을 가라앉히고 당신이 어떤 기분인지 이야기했다. "가브리엘, 네가 나를 오해하고 있는 것 같구나."

아버지의 말이 끝날 때까지 기다린 나는 잠시 아버지가 어떤 심정일지 헤아려보았다. "맞아요, 아빠. 아빠를 미워했어요. 죄송해요. 안 그러려고 노력 중이에요." 우리는 서로 사과하고 차분하게 전화를 끊었다. 그날의 대화는 아무리 화가 나는 상황이라도 미움으로 대응해서는 안 된다는 귀중한 깨달음을 안겨주었다. 불화의 패턴에서 벗어나자 그런 상황에 일조한 내 잘못도 보였다.

아버지를 나쁘게만 보는 나 자신에게 죄책감이 일었다. 그때 나는 사랑과 연민, 일체감에 관한 책을 집필하는 중이었는데도 가장 가까운 아버지조차 미워하고 있었다. 이런 행동을 스스로 목격하니 마음 한편이 불편하고 여러 감정이 뒤얽히며 올라왔다. 그래도 그 불편한 감정 속에 영적인 해답이 있을 것이라 믿었다. 아버지를 향한 미움이 사라지게 해달라고 기도했고, 어떤 방식일지는 모르지만 내면의 인도자가 나에게 길을 보여주리라 믿었다.

그다음 주, 아버지는 나와 동생에게 할아버지의 기일에 맞춰 함께 교회에 가자고 제안했다. 교회당에 발을 들인 것이 거의 10년 만인데 실내장식만 조금 바뀌었을 뿐 별로 달라진 것이 없었다. 어렸을 때처럼 우리는 느지막이 들어가서 제일 마지막 줄에서 서성이다 자리를 잡았다. 다시 교회당에 돌아왔다는 사실이 제법 즐거웠고 마음이 안정되는 느낌이 들었다.

놀랍게도 랍비는 판단을 내려놓는 것이 얼마나 가치 있는지, 왜 다른 사람을 연민으로 바라봐야 하는지를 주제로 설교했다. 우주의 인도를 받고 있다는 느낌이 들었다. 설교가 깊이 마음에 와닿았던 나는 영적 인도에 세심하게 주의를 기울였다. 예배가 끝날 무렵 랍비는 교회당 뒤편을 바라보며 이렇게 말했다. "오랫동안 이곳의 신도였던 아름다운 가족이 오늘 함께하고 있습니다. 번스타인 가족입니다. 에드거 번스타인과 두 자녀, 가브리엘과 맥스가 함께 참석했네요. 에드거는 부모님의 기일을 꼬박꼬박 챙겨왔습니다. 부모님을 향한 그의 헌신이 존경스럽습니다. 오늘 아침 저는 추도식을 준비할 겸 수십 년도 더 된 신도 기록을 찾으러 갔다가 특별한 것을 가져왔습니다." 강단에 선 랍비의 손에는 60년도 더 지난 할아버지의 신도증이 들려 있었다. 할아버지가 손수 작성한 신도증에는 할아버지의 두 자녀인 아버지와 고모의 이름이 적혀 있었다. 랍비는 아버지를 강단으로 불러내 신도증을 전해주었다.

랍비의 배려에 깊이 감동한 아버지는 왈칵 눈물을 쏟았다. 예배당에서 나와 복도 끝에서 울고 있는 아버지를 본 나는 동생을 두고 조심스럽게 아버지에게 다가가 안아 드렸다. 그 순간 기적이 일어났다. 내 마음속의 앙금이 한순간에 녹아버린 것이다. 이제는 아버지가 효심이 지극한 아들이자 자랑스러운 아버지이며, 이 예배당의 명예로운 신도로 보였다. 아버지를 향한 미움은 사랑으로 바뀌었다. 아버지 마음속의 순수함과 진심, 빛이 보였다. 나는 처음으로 아버지를 만난 것이나 다름없었다.

과거의 관계에 대한 생각이나 개인적인 감정 없이 순수한 마음으로 아버지를 바라본 그 순간, 내 인생에서 가장 깊은 치유를 경험했다. 그 거룩한 순간에 내 생각은 다시 사랑과 하나 되었고 우리의 참모습이 무엇인지 다시 떠올리게 되었다. 우리는 모두 사랑 넘치는 영적인 존재이므로, 과거를 털어버리고 판단을 내려놓으면 사랑을 회복할 수 있다. 과거를 투영하지 않고 다른 사람을 바라본다는 것은 그들의 순수함을 알아보고 일체감을 느낀다는 뜻이다. 우리 안에 있는 빛을 타인의 마음속에서도 찾을 수 있다. 마음속에 빛이 있는 한 판단은 존재할 수 없다. 이것이 판단 디톡스 수련의 네 번째 단계, '수용'이다.

지금까지의 과정을 거치면서 여러분은 새로운 차원의 치유를 경험할 준비를 마쳤다. 자신의 생각을 판단 없이 바라보면서 치유의 여정에 오를 의지가 생겼고, 판단에 숨은 상처를 보듬으면서 과거를 받아들이고 새롭게 선택할 기회를 얻었다. 그리고 내면의 인도자에게 판단을 맡기고 그가 이끄는 대로 따르기 시작했으니, 이제 여러분은 그동안 미워하던 사람에게서 순수함과 빛을 발견하는 축복을 누릴 준비가 되었다.

누군가를 처음처럼 바라보는 경험을 하면 깊은 위안을 얻는다. 그에게 투영했던 과거의 경험을 놓아버리고 우리 자신도 공격성에서 벗어난다. 우리의 본성으로 돌아가니 마음도 편안해진다. 그동안 미워했던 누군가를 어둠이 아닌 사랑의 빛으로 바라보면 영혼의 일체감을 느끼는 기적을 경험할 것이다. 누군가를 단순히 물질적인 육신의 존재로만 인식하면 두려움 섞인 나의 과거사를 통해 그를 보게 될 것이다. 그러면 자신의 과거를 투영하여 그가 어떻게 행동할지 단정 짓게 된다. 그러나 이런 허상에서 벗어나 영적으로 바라보는 경험을 하면 그에게 투영한 나의 과거가 모두 사라진다. 잠깐이라도 방어막을 벗어던지고 두려움이 아닌 사랑의 눈으로 바라보겠다고 마음먹으면 자유에 한 걸음 더 다가갈 수 있다. 그 짧은 순간만으로도 좋은 에너지를 끌어당겨 치유를 빠르게 앞당길 수 있다.

죄책감이나 판단을 내려놓고 누군가를 처음처럼 바라본다는 생각이 자신의 상처를 자극할 수도 있다. 에고는 판단을 떠나보내면 위험하다는 생각을 붙잡고 있기 때문이다. 그러나 다른 사람을 단정 지으며 투영했던 나의 과거, 그릇된 판단은 결국 사랑을 가로막는 벽이 된다. 혹시 네 번째 단계에서 저항하는 마음이 생긴다면 그것마저도 치유해달라고 내면의 인도자에게 기도하자. 이제 우리는 기도라는 강력한 도구를 이용해 추진력 있게 자유로 나아갈 수 있다. 기도는 에고의 저항을 무너뜨리고 이 여정에 계속 자신을 맡기도록 해줄 것이다.

누군가를 처음처럼 바라보려면 영적 인도에 기꺼이 따라야 한다. 이 수련은 논리로는 설명할 수 없지만 경험을 통해 스스로 알게 될 것이다. 사랑의 눈길로 바라보려는 의지만 있다면 충분히 기적을 경험할 수 있다. 이 과정이 자연스럽게 진행되도록 내맡기고 안내에 따라 열매를 맺으면 된다.

처음처럼 바라보는 연습

누군가를 처음 본 듯 순수하게 바라보는 연습은 상대방을 현재의 모습 그대로 인정하고 받아들이는 데서부터 시작해야 한다. 상대의 말과 행동이 바뀌어야 내 마음이 편안해질 것이라고 생각한다면 환상이다.

수용

우리가 누군가를 위해 할 수 있는 가장 아름다운 행동은 그들을 진심으로 수용하는 것이다. 반면에 가장 어리석은 행동은 그들을 바꾸려 하는 것이다. 바꾸려 한다는 것은 그들이 어떻게 살아야 할지 내가 안다고 자만하는 것과 같다. 상대가 바라지 않는 '도움'은 내 뜻대로 상대를 조종하고 판단하려는 시도일 뿐이다. 내가 바라는 모습을 상대방이 보여주지 않을지라도 그를 있는 그대로 받아들일 때 우리는 판단을 버리고 용서하며 내려놓을 수 있다.

물론, 내 기준에서 벗어난 선택을 하는 사람을 인정하기란 쉽지 않다. 그러나 누구나 그렇듯 그들의 내면에도 인도자가 있어서 가장 좋은 길을 찾도록 도와준다. 더욱 중요한 사실은 누구나 마음을 내려놓는 법을 배울 인생의 전환점을 맞이한다는 것이다. 다른 누군가의 인생을 '바로잡으려' 하면, 그런 삶의 전환점을 맞이할 기회를 놓치게 할 수도 있다. 다른 사람의 행복에 도움을 주려다가 그들이 스스로 깨닫고 변화를 꾀할 기회를 빼앗게 될 수도 있다. 따라서 상처받지 않도록 나서서 돕기보다는 시련을 무사히 넘길 수 있기를, 그들에게 영적 인도가 함께하기를 기도하는 편이 좋다.

누군가 스스로 도움을 청할 때 손을 내밀어도 늦지 않다. 누군가를 억지로 바꾸려 한다면 그것은 도움이나 친절, 사랑, 그 무엇도 아니다. 기도하며 영적 인도자에게 도움을 청할 때 순수한 마음을 회복하여 인정하고 받아들이게 된다.《기적수업》에 따르면 영혼은 받아들이려 하고 에고는 분석하려 든다고 했다. 영혼은 우리의 본성이 사랑이라는 진실을 받아들인다. 그러므로 상대를 내가 일일이 바로잡아주려 할 필요가 없다. 진정으로 바로잡아야 할 것은 영이 아닌 에고를 참모습으로 착각한 나의 잘못된 선택이다. 우리 마음속 판단은 모두 단절과 공격으로 점철된 에고의 세계를 선택하면서 생겨났다. 영이 아닌 육신의 생각으로 세상을 바라보면 판단을 피할 수 없다.

세 번째 단계에서 우리는 영적인 관계를 만들어가기 시작했는데 그 수련이 지금 이 단계에서도 필요하다. 누군가를 순수하게 바라보고 수용하기까지 영에 의지해야 하기 때문이다. 누군가를 있는 그대로 인정하고 받아들인다는 것은 그 사람에게 할 수 있는 가장 친절한 행동이자 나 자신에게도 가장 아름다운 행동이다. 이를 이해하기 위해 먼저 판단이 정신적으로 어떤 영향을 주는지 알아야 한다. 영적 존재Abraham, 아브라함의 메시지를 듣고 이를 세상과 나누는 작업을 꾸준히 해오고 있는 영성 지도자 에스더 힉스는 다음과 같은 메시지를 전했다.

모두의 마음속에는 무궁무진한 주제에 관한 다양한 의견과 생각, 기대가 공존한다. 그러다 어느 한 가지에 주의를 기울이면 그 기운이 활성화되어 전면에 드러난다. 집중하면 할수록 그 기운은 더 두드러지며 강력해진다.

다른 사람의 좋은 면과 나쁜 면 중에서 무엇을 더 중점적으로 볼지 선택하는 것은 자신에게 달려 있으며, 반복적으로 선택하는 상대방의 모습이 그와 나의 관계를 이루는 기본적인 기운이 된다. 행복을 최우선으로 추구하면서 의식적으로 다른 사람의 가장 좋은 면을 계속 떠올리면 그 사람과 불쾌한 상황을 마주하지 않도록 기운의 주파수가 단련된다. 늘 행복하고 싶다면, 행복은 내면의 근원과 나 자신이 얼마만큼 일치되어 있느냐에 달렸다는 것만 이해하면 된다.

누군가를 있는 그대로 받아들이고 연민으로 바라보는 연습을 지속적으로 해나가면 사랑이라는 참모습에 다시 나를 맞추게 된다. 상대를 진심으로 수용하면 그와의 관계를 가로막고 있던 저항이 사라지고 치유로 향하는 길이 열린다. 다른 사람에 관한 생각과 감정을 바꾸면 그를 향한 나의 에너지가 바뀌고, 바뀐 내 에너지를 상대도 받아들이게 될 것이다. 무엇보다도 에너지가 바뀌면 사랑으로 바라보기가 더 쉬워져 계속해서 판단을 해소할 수 있다. 그러면 어느덧 공허함은 사라지고 마음이 가벼워지며 자유가 찾아온다.

자기 수용

자신을 있는 그대로 받아들이는 사람에게는 자신의 존재와 삶을 온전하게 느끼고 경험할 수 있는 힘이 있다. 첫 번째 단계에서 작성했던 판단 목록을 살펴보자. 자기 이름이 위쪽에 있는가? 그렇다면 스스로를 인정하고 받아들이는 수련을 통해 자신과의 관계를 치유해보자. 자신을 수용하면 다시 사랑과 하나 될 수 있다.

자기 수용의 놀라운 힘을 보여준 훌륭한 사례로 내 친구 샘 이야기를 하고 싶다. 샘은 몇 년 동안 자신이 하고 있는 일 때문에 자신감을 잃고 괴로워했다. 직장에 다니다가 사업을 시작했는데 좀처럼 일이 풀리지 않았다. 프로젝트를 연이어 기획했지만 모두 실패하고 말았다. 그러다 또다시 성공이 눈에 보이는 대형 프로젝트에 참여할 기회가 찾아왔다. 그러나 다른 여느 프로젝트처럼 상황이 안 좋은 쪽으로 흘러가기 시작했다. 샘은 프로젝트를 성공시키고 싶어 무리하게 날마다 야근을 했다. 한편으로는 투자한 돈을 모두 날릴까 봐 두려워했다. 프로젝트에 참여한 몇 달이 꼭 몇 년처럼 느껴질 만큼 전쟁 같은 시간을 보냈음에도 마땅한 성과가 보이지 않았다. 말할 것도 없이 그때는 샘에게 가장 힘든 시기였다.

샘은 기로에 서 있었다. 한쪽은 자기 자신을 비하하고 공격하는 길이었다. 사업하기가 얼마나 힘든지, 적성에 안 맞는 건 아닌지, 그동안 품었던 의구심의 꾐에 넘어갈 수 있었다. 하지만 다른 길도 있었다. 지나간 일은 그 자체로 받아들이고 그동안 사업을 하며 쏟은 노력과 위험을 감수하며 깨달은 교훈을 존중하는 길이었다. 자기 수용을 통해 실패한 '경험'보다는 실패를 통해 얻은 '깨우침'에 눈길을 돌리는 것이었다. 그때 샘은 영적 인도로 기적처럼 자신을 받아들이는 길을 선택했다.

자기 수용이라는 긍정적인 상태에서 샘은 처음으로 자신을 제대로 알아보았다. 과거는 모두 잊고 현재 자신의 모습을 있는 그대로 끌어안았다. 그는 자신의 성장과 의지를 자축하는 길을 선택했다. 실수마저도 앞날을 위한 소중한 길잡이가 되었다면서 기쁘게 받아들였다. 그러자 무슨 일이 닥쳐도 헤쳐나갈 힘과 열정, 앞날에 대한 기대가 생겼다. 세상을 보는 관점이 달라졌고, 직관적인 생각이 떠오를 여유가 생겼다. 사랑의 에너지와 하나 되었기에 자신을 이끌어주는 영적 인도에 귀 기울일 수 있었다.

곧 기적이 넝쿨째 굴러들어오기 시작했다. 마음속에 있던 모든 저항이 사라지고 머릿속에서는 자유롭게 영감이 떠올랐다. 어느 날 오후 우연히 창의적인 사업 아이디어가 생각났다. 지금까지 누구도 시도하지 않은 데다 바로 실행에 옮길 수 있는 아이디어였다. 그토록 기다려온 기회였다. 자신을 비하하지 않고 사랑과 하나 된 덕분에 샘은 에너지를 집중해 떠오른 아이디어를 바로 행동으로 옮길 수 있었다. 그 아이디어는 눈 깜짝할 새에 십만 달러 이상의 매출을 올리며 가족의 생계를 보장하는 사업으로 발전했으며 지금도 무한한 성장 가능성을 보이고 있다. 샘이 기로에 섰던 순간, 자기를 수용한 힘 덕분에 그는 옳은 방향을 선택했던 것이다.

샘의 이야기를 하는 이유는 나 자신에게는 물론이고 남을 대할 때도 수용의 힘을 알아봤으면 하는 마음 때문이다. 다른 사람을 받아들이면 그들에게 성장할 기회를 주는 것이며, 우리 자신을 있는 그대로 받아들일 때 새로운 이야기가 펼쳐질 길이 열린다.

"우주가 여러분의 새로운 이야기를 시작할 수 있도록 과거를 놓아주세요." 세계적인 영성 지도자 마리안 윌리엄슨Marianne Williamson의 말이다. 받아들이기로 선택하는 순간 우주는 나를 위해 새로운 이야기를 쓰기 시작한다.

수용하는 연습

수용하는 연습을 시작하려면 첫 번째 단계에서 작성한 판단 목록을 다시 살펴봐야 한다. 아무리 태핑을 하고 기도 수련을 해도 여전히 상처를 자극하는 판단이 있는가? 아마도 자신에게 해를 끼친 사람을 용서하고 싶지 않거나 자책하는 것 말고는 다른 방법을 생각할 수 없어서 두려운 것인지도 모른다. 이제는 내려놓고 싶다는 생각을 선택하고 연습을 시작하자.

판단 관찰 일기장을 펴고 맨 위에 계속 신경 쓰이고 내 멋대로 판단하게 되는 사람의 이름을 적자. 어쩌면 그것이 자기 이름일 수도 있다. 이름 옆에는 그 사람의 장점을 나열한다. 혹시 나에게 큰 상처를 주었다면 장점을 찾기 어려울 수 있는데, 그럴 때는 그 사람과의 관계에서 어떤 교훈을 얻었는지 생각해보자. 최악의 관계나 상황 속에서도 늘 성장하고 치유할 수 있는 영적인 기회가 존재한다. 그와의 사이에서 나쁜 기억이 없었다면 경험하지 못했을 성장의 기회와 가르침에 집중하자. 그 사람 때문에 수련을 시작하게 되었다는 사실에 주목해보면 어떨까? 나에게 상처를 준 것은 상대방도 불행하기 때문이라고 이해하면 그 사람에게 연민을 품을 수 있다.

나를 괴롭게 하는 사람을 판단이 아닌 수용의 시선으로 바라보려면 단순하면서도 긍정적인 생각을 하겠다는 의지가 필요하다. '당신이 싫어'에서 '당신도 아프구나'로 생각을 전환하는 것만으로도 상대와의 관계를 둘러싼 나의 에너지가 달라진다. 그 사람을 어떻게 받아들일지 차분하게 방법을 찾아가면서 나의 에너지가 어떻게 변화해가는지 바라보자.

나는 지금껏 강연을 하면서 학대받거나 공격당한 경험, 수치스러운 일 등 자신의 끔찍한 사연을 공개적으로 털어놓는 청중을 수없이 보았다. 그들은 회복 과정을 거치면서 영적인 존재와의 연결 고리를 발견했으며 삶의 방향까지도 바꿀 수 있었다. 당장 가해자를 용서할 수는 없어도 트라우마를 겪은 것을 계기로 자신이 영적으로 크게 성장할 수 있었다는 사실을 깨달은 것이다. 여러분도 자신이 미워하는 사람에게서 장점을 찾기 힘들다면 그와의 관계에서 배운 교훈을 찾아보며 그 사람에게 고마운 점을 단 한 가지라도 찾을 수 있도록 집중해서 목록을 작성해보자.

다 쓰고 나면 지금까지 적은 그 사람의 장점을 훑어본다. 부정적인 면만 바라보다 긍정적인 면을 보고 고마운 점을 발견하니 어떤 기분이 드는가? 되돌리거나 바로잡고 싶은 과거보다 상대의 장점이나 깨달음에 집중하고 나니 그들을 조금 더 받아들이게 되지 않았는가? 느낀 그대로 일기장에 적는다. 상대를 억지로 바꾸려 하지 않으니 마음이 편안해졌는가? 그 사람에게 연민이나 사랑을 느끼게 되었을 수도 있다.

반면 에고가 판단을 붙잡고 어둠 속에 스스로를 계속 가두려 할 때는 오히려 방어적인 반응이 강하게 나타날 수도 있다. 상대에게 사랑 따위는 느낄 수 없다고 생각한다면 이 수련의 긍정적인 면에 좀 더 집중해보자. 좋은 면을 보면서 서서히 시선을 돌리다 보면 어느새 상대를 받아들일 수 있게 된다.

상대는 나를 비추는 거울이다

누군가의 순수성을 알아보려면 그 사람도 나와 같다고 생각하는 것만큼 좋은 방법이 없다. 우리는 모두 같은 문제를 겪고 있으며 같은 답을 갖고 있다. 우리의 문제는 판단이라는 그릇된 마음 상태로 접어드는 잘못된 선택을 했다는 것이다. 해답은 다시 사랑을 선택하는 것이다. 또한 우리는 모두 행복, 건강, 자유 등 마음속에 같은 열망을 품고 있으며, 사랑받기를 원한다. 이처럼 우리가 서로 다르지 않다는 사실을 인정할 때 비로소 상대방에게서 자신의 모습을 발견할 수 있게 된다.

20세기의 위대한 쿤달리니 요가 스승이었던 요기 바잔Yogi Bhajan은 21세기를 위한 다섯 가지 수트라sutra를 남겼다. 그중 하나가 '상대방을 또 다른 나라고 생각하라.'이다. 요기 바잔은 오늘날 우리가 사는 시대의 모습을 예언했는데, 분열과 단절이 만연한 세상에서 살아남으려면 더한층 일체감을 추구해야 한다는 사실을 그는 알고 있었다. 세상의 모든 문제는 단절에서 시작된다는 것을 알아차리고 제자들과 독자, 청중에게 반드시 상대방을 나 자신처럼 생각하라는 가르침을 남겼다.

이 수트라를 실천할 기회가 나에게도 여러 번 찾아왔다. 한번은 출장차 도착한 공항에서 서둘러 미팅 장소로 가려고 자동차를 빌릴 때였다. 이미 시간이 아슬아슬했는데 설상가상으로 렌터카 접수처에 줄이 길게 늘어서 있었다. 참을성 있게 15분 정도 기다렸다. 딱 거기까지가 내 인내심의 한계였다. 나는 접수대에 이르자마자 자동차 열쇠만 받아 나오려고 했고, 접수대에 다가서는 순간 직원도 내 의도를 알아챘을 것이다. 나는 딱딱한 말투로 말했다. "제가 지금 급히 가봐야 해서 최대한 빨리 차를 받고 싶은데요." 내 말에 직원은 당황스러운 듯 웃음을 터트렸다. "저희도 차 준비하는 데 시간이 필요합니다." 순간 일이 잘 풀리지 않을 것을 직감했다. 답답한 마음에 이렇게 중얼거렸다. "흠, 서둘러야 하는데."

손님이 부정적인 기운을 내뿜는다고 해서 직원이 일일이 신경 써줄 리는 만무했다. 오히려 내 태도에 그녀 역시 기분이 상한 것 같았다. 접수대를 뜨더니 5분이나 지난 후에 돌아와서는 아무 설명도 없이 느릿느릿 운전자 정보를 입력했다. 힘겨루기라도 하려는 듯한 그녀의 태도에 나는 초조해져 식은땀을 흘리며 주변에 매니저가 있는지 둘러보았다. 그리고 직원에게 따지듯 이름을 묻고 본사에 전화해서 항의하겠다고 으름장을 놓았다. 그래봤자 소용없었다. 내 태도는 오히려 그녀의 부정적인 기운에 기름을 부었다. 언쟁은 시끄러운 말싸움으로 번졌고 어디선가 매니저가 나타나 목소리를 낮춰달라고 나무라듯 말했다. 두말할 것 없이 매우 불쾌한 상황이었다.

마침내 차를 받기는 했지만 이미 미팅에 30분 정도 늦어 진땀이 나고 짜증이 밀려왔다. 서둘러 차를 몰고 나왔는데 이번엔 교통 체증에 갇혔고, 화가 머리끝까지 치밀어 올랐다. 문제의 렌터카 직원을 원망하며 조금 전 벌어진 일을 몇 번이고 떠올리기 시작했고, 내 분노 지수는 최고치에 이르렀다. 험하게 운전대를 꺾으며 끼어드는 차가 있으면 마구 경적을 울려댔다. 정신이 반쯤 나간 것 같았다. 그러나 좀 늦었어도 중요한 미팅을 앞두고 있으니 정신을 차려야만 했다. 잠시 후나는 생각을 바꾸게 해달라고 기도하기 시작했다. 몇 분이나 지났을까, 내 의식 속에 요기 바잔의 목소리가 울려 퍼졌다. "상대가 곧 나라고 생각하라." 그 목소리를 듣고 바로 이렇게 받아쳤다. "무슨 소리? 어떻게 그 여자가 나야?"

하지만 나는 깊은 심호흡을 하고 그 메시지를 받아들이기로 마음먹었다. 그리고 조금 전 벌어진 상황을 곰곰이 되짚으며 다르게 보려고 노력하면서 그 직원의 어떤 점 때문에 이렇게까지 화가 나는지 생각해봤다. 몇 분쯤 흘렀을까, 그녀와 나 사이에 공통점이 많다는 사실을 깨달았다. 둘 다 그 상황을 힘겨루기로 생각했고, 둘 다 자기 뜻대로 상황을 통제하려 했고, 권위를 내세우려 했다. 상황을 주도하려던 나의 의지는 그녀의 의지와 같았고, 그 상황에서 더 힘이 있다고 느끼고 싶었던 마음 역시 같았다. 그 순간 그녀의 상처가 내 상처로 보였고 그녀를 처음 본 듯 다시 바라볼 수 있었다.

꽉 막힌 도로 한가운데서 이미 미팅에 한 시간이나 늦어버렸는데도 나는 안도의 눈물을 흘리기 시작했다. 우주가 나에게 준 영적 과제 때문에 울었고, 상대방을 곧 나처럼 바라보게 된 기적적인 변화에 기뻐하며 울었으며, 요기 바잔의 수트라를 진정으로 체험하게 된 기회에 감격해서 울었다. 요기 바잔의 수트라는 더 이상 말만 번지르르한 격언이 아니었으며, 영적 성장과 치유 과정에서 크게 한 걸음 내딛게 해준 기회였다.

이 수트라를 실천하는 첫걸음은 내가 상대에게 투영한 판단을 지우고, 있는 그대로 그 사람을 바라보는 것이다. 상대가 어떤 힘든 일을 겪었는지는 몰라도 지금까지 살아오면서 겪은 시련과 어려움을 존중하며 그들의 순수함을 알아보려고 노력해보자. 상대방의 장점을 적은 목록이 그의 빛나는 모습을 바라보게 하는 데 도움을 줄 것이다.

그리고 상대가 곧 나 자신이라고 생각하자. 다른 사람을 진정으로 존중하려면 그들의 어둠을 나의 그림자라고 생각해야 한다. 우리가 다른 사람을 판단할 때 스스로 부정해온 내 모습을 그에게 투영하기 때문이다. 상대가 자꾸 내 상처를 건드린다면 드러내고 싶지 않은 나의 그림자가 그 사람을 통해 보인다는 뜻이다.

판단을 감사로 바꾸자. 나를 비추는 거울이 되어 영적인 여정에서 끊임없이 배우고 성장할 기회를 준 그들에게 감사하자. 그들이 우주의 가르침을 알려주는 스승이라고 생각하자. 그들이 곧 나 자신이라고 생각하자.

상대에게서 빛을 찾자

나의 멘토이자 친구인 웨인 다이어Wayne Dyer 박사가 내게 말했다. "다른 사람들에게서 빛을 봐. 다른 생각들은 접어두고 오직 그 빛을 보고 그들과 소통해." 그가 그토록 즐겁고 행복하게 살 수 있었던 것은 말한 대로 실천했기 때문이라는 생각이 든다. 웨인 다이어의 메시지를 날마다 실천하면 우리도 모두 행복해질 수 있다. 혹시 사무실에 들어서면서 동료들이 마음에 들지 않는다거나 뉴스를 보고 경솔한 판단을 내리게 되면 주문을 외워보자. "내 눈에는 당신의 빛만 보입니다." 언제든 다른 사람을 자기 잣대로 판단하게 되면 이렇게 기도하면 된다.

특히 나보다 월등하게 우월해 보이는 사람, 나보다 열등해 보이거나 내가 싫어하는 사람 등 큰 상실감을 느끼는 관계에 이 기도를 적용해보자. 잠깐 스쳐 지나는 낯선 사람들부터 가장 가까운 사랑하는 사람들, 아이들, 부모님, 배우자까지, 누구든 독선적으로 판단하고 있는 자신을 발견하면 마음속으로 조용히 되뇌자. "내 눈에는 당신의 빛만 보입니다."

하루를 시작할 때 내가 남들에 관해 어떤 생각을 하는지 주의를 기울여보자. 공격적인 생각이 떠오를 때, 누군가를 특별하게 생각하거나 마음에 들지 않는다고 느끼는 때가 언제인지 관찰하자. 공격적인 생각이나 특별한 시선 모두 똑같이 판단임을 인정해야 한다. 첫 번째 단계에서 배운 대로 내 안의 판단을 판단 없이 바라보고, 나의 독선적인 모습을 발견하는 순간 아무 판단도 하지 말고 이렇게 기도하자.

"내 눈에는 당신의 빛만 보입니다."

영성 지도를 처음 시작할 때 수련생들에게 알려주었던 방법이 있다. 뉴욕 시내 한복판에서 누구든 마주칠 때마다 나지막이 "내 눈에는 당신의 빛만 보입니다."라고 읊조리는 것이다. 수련생들은 지하철을 탈 때나 장을 볼 때, 직장에서 동료들과 있을 때, 집에서 가족이나 친구들과 함께할 때도 내가 가르쳐준 대로 따랐다. 누구를 만나든 그들에게서 빛만 보겠다고 스스로 되새기며 일주일을 보낸 후 다음 주에 모여 경험을 공유하기로 했다.

결과는 놀라웠다. 모두들 기적을 경험한 이야기를 들려주었다. 어떤 사람은 냉랭한 사이였던 동료가 친절해졌다고 했다. 또 다른 사람은 오랫동안 부부 사이를 괴롭히던 문제가 해결되었다고 했고, 마음속에서 절망이 사라지고 기쁨이 자리 잡았다고 가슴 벅차게 고백한 사람도 있었다. 자기만의 방식에서 벗어나 다른 이들의 빛을 바라볼 때 우리는 진실한 상태로 돌아갈 수 있으며, 삶이 한순간에 달라질 수도 있다. 사람들을 포용하고 공감할 때 기분이 좋아지는 것은 단순한 진리다. 어디서든 사랑을 알아본다면 기운이 샘솟는다. 요기 바잔의 말처럼, "세상 만물에서 신을 보지 못하는 사람은 절대로 신을 만날 수 없다."

누구에게서든 빛을 찾으려고 하면 다른 잘못이나 판단에 신경 쓸 겨를이 없다. 에스더 힉스는 영적 존재 아브라함의 메시지를 이렇게 전한다. "행복한 일이 연달아 일어날 것입니다. 여러분이 받아들이든 아니든 행복은 그렇게 찾아올 것입니다." 적극적으로 다른 사람의 빛을 바라보려고 할 때 행복의 물꼬를 틀 수 있으며, 판단이 사라진 자리에 드러나는 것은 사랑뿐이다.

빛나는 인생을 사는 지름길은 어떤 상황에서든 빛을 알아보는 것이다. 험악하고 독단적인 상사에게서 빛을 발견하라. 바람을 피운 옛 애인에게서도 빛을 보라. 뉴스에 나온 살인자에게서도 빛을 찾아라. 이런 말들이 불편할 수도 있다. '어떻게 살인자한테서 빛을 찾을 수 있어요? 말도 안 돼.' 어이없고, 쓸데없는 짓으로 느껴질 수도 있다. 그러나 살인을 저지른 사람 역시 마음의 병이 깊은 사람이고 정신적으로 학대받았거나 공허함 때문에 끔찍한 일을 저지르게 된, 어떤 면에서는 가엾고 불쌍한 인간이라고 생각해볼 수 있다.

연민을 품어라. 이것이 판단 디톡스 네 번째 단계의 마지막 과제다.

연민으로 바라보자

연민은 판단의 해독제다. 누군가를 있는 그대로 수용하면 장점과 단점을 '모두' 볼 수 있다. 다른 사람이 곧 나라고 인식할 때 그들의 그림자와 빛에서 내 모습이 보인다. 그리고 그들을 빛으로 보려고 할 때 사랑이 빛나기 시작한다. 그러나 가능한 모든 영적 수단을 동원해도 다시 흔들려 원점으로 돌아오게 될 수도 있다. 에고는 너무 강력해서 단절했던 과거로 나를 다시 끌어들일 수 있기 때문이다. 게다가 쉽게 용서할 수 있는 사람들에게는 기꺼이 여러 가지 수련법을 적용할 수 있지만, 도저히 용서할 수 없는 흉악한 범죄자나 독재자에게는 소용없을 수도 있다.

바로 그럴 때 연민이 필요하다. 연민을 품으면 다른 사람의 순수성을 알아볼 수 있게 되며, 그들이 괴물이 된 이유가 마음속 공포 때문임을 알게 된다. 누군가를 해칠 수 있는 사람이 겪는 트라우마와 혼란을 우리는 대부분 이해할 수 없다. 그러나 그들에게 공감 능력이나 사랑이 결여되어 있다고 생각해보자. 그토록 중요한 인간의 감정을 느끼지 못하는 그들이 가엾지 않은가? 연민으로 바라보면 그들의 고통, 깊은 시련까지도 느낄 수 있다.

연민을 품고 그들의 고통을 이해한다고 해서 그들이 저지른 죄를 용서한다는 뜻은 아니다. 그러나 영적으로 그들을 놓아줌으로써 그들이 초래한 공포심으로부터 나 자신을 해방할 수 있다. 분노나 미움과 같은 감정을 마음속에 계속 붙잡고 있으면 두려움이 더욱 커져 판단에서 벗어날 수 없다.

연민으로 바라보는 것 역시 하나의 선택이다. 겉으로 드러난 타인의 잘못에 집중할 수도 있지만 그가 왜 그렇게 행동하게 되었는지 생각해볼 수 있다. 이미 벌어진 일에서 시선을 돌려 그 일을 유발한 마음의 병을 바라볼 때 연민이 생기고, 연민으로 바라보면 어둠 속에 있던 사람도 빛으로 걸어 나올 수 있다. 연민으로 바라보는 것이 억지스럽게 느껴진다면 논리적으로 이해하려고 애쓰거나 한 번에 잘하려고 하지 말기 바란다. 우리에게는 의지만 있으면 된다. 자신의 공감 능력을 발휘하여 연민에 이끌리는 생각을 하자. 그러면 잠시나마 마음이 안정될 것이다.

살아가면서 마주치는 사람들은 사랑에 대한 믿음을 더 단단하게 해줄 영적 과제를 안겨준다. 타인과의 관계, 또 나 자신과의 관계를 사랑을 기억하게 하는 영적 과제로 받아들이면 문제라고 생각했던 것들을 끝없는 고통이 아닌 믿음을 단단하게 할 기회로 받아들일 수 있다. 누군가를 처음처럼 바라보려는 영적인 행위야말로 우리가 실천할 수 있는 가장 훌륭한 수련이며, 마침내 충분한 위안과 보상을 받게 될 것이다.

판단을 벗어나 일체감에 이를 때 우리는 세상의 모든 영혼에 에너지파를 보내게 된다. 다른 사람에게서 빛을 볼 때마다 세상은 치유된다. 그러다 보면 우리가 이 세상에 온 목적을 이룰 수 있다. 그것은 스스로 세상의 빛이 되고 다른 사람의 빛을 알아보는 것이다.

이번 단계에서 알려준 방법을 하나라도 실천하면 저항심이 사라지고 행복의 문이 열릴 것이다. 남을 그대로 받아들이는 연습을 하면 경계를 풀고 판단을 내려놓을 수 있다. 남이 곧 나 자신이라고 생각하면 그 사람과 갈등을 일으킨 원인이 나에게도 있다는 사실을 깨닫고 상대의 순수한 의도를 되새길 수 있다. 누구에게서나 빛을 보게 해달라고 기도하면 누구와도 형제자매처럼 다시 연결되어 온 우주의 흐름과 하나 될 수 있다. 또한 연민으로 바라보는 연습을 하면 판단의 속박에서 벗어날 수 있다.

이런 연습을 번갈아 하다 보면 누구든지 순수하게 바라보는 단계가 찾아올 것이다. 다른 사람을 처음처럼 바라보는 것은 곧 자신에게 주는 축복과 같다. 연습할 때마다 세상을 향해 쌓은 벽을 허물어 진정한 본성을 회복하고 결국 자유로워지는 것은 나 '자신'이기 때문이다.

그러면 판단의 감옥에 갇힌 자신을 해방하고 에너지를 조율하여 세상의 빛과 조화를 이루며 살아갈 수 있다.

판단 디톡스 여정 중 특히 이번 단계에서 심리 상태에 강렬한 변화가 찾아올 것이다. 어쩌면 세상을 완전히 새로운 방식으로 보게 될지도 모른다. 세상을 향한 미움을 내려놓고 우리 모두 동지임을 느끼게 될 것이다. 우리는 모두 판단에 얽매이지만 한편으로는 모두 사랑을 갈구한다는 사실을 받아들이자. 사랑을 택하는 사람이 많아질수록 세상은 더 안전하고 행복하며 건강한 곳이 되리라는 사실을 깨닫게 될 것이다.

나는 단순히 여러분의 기분을 좋아지게 하거나 바라는 일을 이루어주려고 책을 쓰는 것이 아니다. 이 책은 삶의 진리를 추구하는 사람들과 함께 사랑으로 세상을 치유하는 운동을 시작하려는 목적으로 쓰였고, 나는 가급적 많은 사람의 내면에 변화가 일어나 이 세상의 에너지가 바뀌길 염원한다. 여러분도 그 운동에 동참하고 있다는 사실에 기뻐했으면 좋겠다.

집단의식에는 생각보다 훨씬 강력한 힘이 있어 단 몇 명이라도 사랑의 이름으로 모이면 기적이 일어난다. 생각을 끊임없이 사랑으로 돌려놓아 이 세상을 변화시키자. 오늘부터 시작해야 한다. 나의 의식에 포용과 연민이 들어올 길을 열자. 빛의 눈으로 세상을 바라보고 상대도 나와 다르지 않다는 사실만 받아들이면 된다.

지금까지 소개한 수련법들만으로도 우리의 삶은 획기적으로 달라질 것이다. 그러나 좀 더 완전한 변화를 위해 중요한 두 단계 수련이 남아 있다. 다섯 번째 단계에서는 모든 영적 훈련의 기초인 명상법을 익힐 것이다. 논리적인 좌뇌는 잠시 쉬게 하고, 세상을 영혼의 눈으로 바라보기 위해 우뇌의 창의성을 깨우는 작업을 할 것이다. 명상 경험이 없는 사람이라면 지금이 명상을 시작할 절호의 기회다. 쉽게 따라 할 수 있도록 특별히 고안한 여러 명상법을 소개하여 조금 더 마음을 비우고 가벼워지도록 도울 것이다. 명상 수련은 해묵은 습관을 바꾸고 신경계를 재구성하며, 육체와 정신을 동시에 변화시키는 힘이 있다. 이 단계에서 가장 아름다운 지점은 고요함 속에서 지금까지 배운 모든 수련법이 딱 맞물려 움직인다는 깨달음을 얻는 순간이다.

마음을 열어 치유의 여정을 한 걸음 더 내디딜 준비를 하자. 그 끝에는 말할 수 없이 큰 기쁨이 기다리고 있다.

명상
외부와의 연결을 끊어라

나는 친구들 사이에서 갈등이 생기면 중재자 역할을 해왔다. 반목이나 긴장을 일으키지 않으면서 상황을 정리하고 답을 찾는 데 꽤 소질이 있는 편이라고 생각했다. 그러나 얼마 전 소꿉친구와 완전히 사이가 틀어지면서 지금까지의 황금빛 기록은 깨지고 말았다.

그 친구를 잭이라고 부르겠다. 잭이 나에게 해를 끼칠 의도는 없었으며, 자기 행동이 내 깊은 상처를 건드렸다는 사실도 전혀 모르고 있었다고 확신한다. 사실 잭의 행동 때문에 얼마나 충격을 받았는지 어떤 말로 어떻게 표현해야 할지 몰랐다. 나는 바로 방어 태세에 들어갔다. 그 뒤로 3주 동안 나는 그 상황을 몇 번이고 되뇌면서 피해 의식에 깊게 빠져들었다.

3주 만에 마침내 용기를 내어 잭에게 전화를 걸었다. 잭이 전화를 받자마자 나는 잭의 행동 때문에 얼마나 괴로웠는지 퍼붓기 시작했다. 나에게 어떤 상처를 주었는지, 그것이 얼마나 나쁜 행동이었는지 일일이 지적했다. 거친 말투로 공격적인 말을 쏟아냈다. "네가 나한테 이런 짓을 하다니 믿을 수가 없어."라는 말까지 하면서 잭을 더 몰아세웠다. 전혀 예상 밖의 상황이었는지 잭은 적잖이 놀라는 눈치였다. 그 통화는 '실제로' 부정적인 전환점이 되었다. 내가 얼마나 기분이 나빴는지 따지기 시작해서 잭의 행동을 비난하는 동안 내 마음속 진짜 이야기는 저편으로 밀려났다. 내 감정을 진솔하게 표현할 틈이 없었다. 잭이 곧장 반격에 나섰고, 잭의 목소리가 굳어지며 언쟁이 벌어졌다. 우리는 몹시 괴로운 마음으로 전화를 끊었다.

그때만 해도 내가 무슨 짓을 했는지 몰랐다. 화낼 만한 일이었다고 정당화했다. 게다가 해야 할 말을 조목조목 빠뜨리지 않고 했다는 사실에 스스로 대견스럽기까지 했다. 그 후 몇 주 동안 우리는 서로 연락하지 않았다. 나는 내 생각을 계속 부채질하며 화를 풀지 않았다. 머릿속으로 잭과의 통화를 끊임없이 되뇌면서 내 행동이 옳았음을 확인하려 했다. 그러나 화를 내고 잭을 미워할수록 마음만 더 불편해질 뿐이었다. 끔찍한 시간이었다.

틀어진 관계는 되돌릴 수 없을 것 같았고, 그렇게 평생의 친구를 잃게 된 상황이었다. 나는 어쩔 수 없다며 그 일을 마치 '운명'처럼 받아들였다. 그런데 인정하고 싶지 않았지만 무의식적으로 이 모든 일이 내 탓이라는 느낌이 들었다. 마음 깊은 곳에서는 잭을 미워하고 등을 돌린 행동을 무엇으로도 정당화할 수 없다는 것을 알고 있었다. 나의 독선적인 태도가 돌이킬 수 없는 상처를 남긴 것이다.

시간이 흐르고, 그때 내가 조금 다르게 대처했다면 어땠을지 생각해볼 여유가 생겼다. 조금 더 부드럽고 다정하게 말할 수 있지 않았을까? 경솔하게 행동하지 않고 내 감정을 진실하게 전할 수는 없었을까? 그러나 지난 일을 후회한다고 달라지는 것은 없었다. 악몽 같은 굴레에 갇히게 될 뿐이었다. 이 문제를 해결할 방법은 판단 디톡스 수련밖에는 없었다. 그래서 마음속 판단을 판단 없이 바라보고, 상처를 보듬으며 태평했다. 우주의 중재가 있기를 기도했고, 잭을 사랑과 빛의 존재로 바라보겠다고 마음먹었다.

여기까지의 수련 덕분에 미움은 어느 정도 풀어졌다. 그러나 우리 관계의 에너지를 바로잡으려면 해야 할 수련이 더 남아 있었다. 영혼이 깨끗해지도록 내 안의 나쁜 생각을 놓아 보내고 명상하는 것이었다. 잭에게 다시 전화를 걸어 상황을 수습할 수는 없어도 명상을 하면서 나쁜 에너지를 정화할 수는 있었다. 그렇게 명상 방석 위에 편안히 앉아 판단 디톡스의 다섯 번째 수련을 시작했다.

잭과의 유대감을 치유하는 것을 명상 수련의 목표로 삼았다. 영적 인도로 우리 에너지의 연결 고리를 회복시켜달라고 기도했다. 잭과의 관계를 내면의 인도자에게 맡기고 도움을 구했다. 그리고 몇 초도 안 되어 직감적으로 인도자의 목소리를 들었다. "그에게 사랑을 보내세요." 마음이 편안해지는 메시지였다. 사랑의 에너지로 우리 둘 사이의 부정적인 기운을 치유할 때가 왔음을 깨달았다.

나는 명상하면서 잭에게 깊은 사랑을 전하려고 노력했다. 영혼의 눈으로 바라보니 잭을 꼭 안아주는 내 모습이 보이며 잭과 함께 있는 것처럼 느껴졌다. 내가 좋아하는 잭의 모습이 떠오르며 눈물이 흐르기 시작했다. 그 순간, 시공간이 사라진 것 같았다. 과거는 흩어지고 미래도 없었다. 기도와 명상으로 우리 둘 사이의 유대감이 회복되었다는 느낌이 들었고, 마음이 가벼워지고 잭과 깊이 연결된 기분이 들었다.

마음이 차분해진 후 명상을 마쳤다. 눈을 뜨고 몇 분이나 흘렀을까, 시간을 확인하려고 전화기를 보는데 문자메시지가 도착했다. 잭의 메시지였다! "이제 화해할 때가 된 것 같아." 나는 안도의 한숨을 내쉬면서 우주의 인도에 감사했다. 내가 미움을 버린 순간 잭도 그 기운을 느끼고 치유의 때가 왔음을 알아차린 것이다. 명상의 힘이었다.

명상에는 내외부적인 모든 관계를 변화시키는 힘이 있다. 명상 수련을 통해 사랑의 에너지에 집중하면 보이지 않는 사랑의 힘을 초대해 문제를 맡길 수 있다. 그런 사랑 앞에서 과거는 희미해지고 판단으로 얽힌 에너지의 끈도 풀린다. 우리는 온 세상 사람들과 에너지의 관계로 연결되어 있다. 어떤 때는 모르는 사람들과도 그렇게 이어진다. 누군가와 관계를 맺으면 나의 에너지가 그 사람과 연결되는데 둘 사이에 강한 감정적 교류가 있었다면 더욱 그렇다.

누군가와 계약을 맺거나 약속을 할 때도 에너지적 관계가 생긴다. 비즈니스나 결혼처럼 중대한 일도 그렇고, 일상적인 일도 마찬가지다. 그런데 관계가 끝난 후에도 상대에 대해 부정적이거나 독선적인 생각을 품고 있을 때는 에너지의 끈이 그대로 남아 있을 때가 종종 있다. 누군가를 미워하면 내 의지와 상관없이 상대방과 어떤 끈으로 얽히게 된다. 에너지의 끈으로 엮여 있기 때문에 관계는 멀어졌어도 두 사람의 이야기는 쉽게 끝나지 않는다. 여전히 그 사람과 '함께하던' 시기에 느꼈던 고통과 비극이 계속된다. 강한 기운의 굴레에 얽히면 지치고 피곤하며 마음이 상하기도 한다. 그래서 옛 연인을 잊거나 틀어진 사업 관계를 털어내기가 그토록 힘든 것인지도 모른다.

잭과의 관계에서도 다르지 않았다. 잭과 물리적으로 거리를 두고 연락하지 않을 때도 그와 연결된 에너지의 끈 때문에 나는 계속해서 견딜 수 없이 화가 나고 마음이 동요했다. 물리적인 단절만으로는 부정적인 연결 고리를 끊어낼 수 없었다. 영적인 정화가 필요했다.

내가 미워하는 사람과 에너지의 끈이 엮여 있으면 부정적인 관계에 갇혀 지나간 일을 끊임없이 떠올리게 되는데, 부정적인 에너지는 단지 그 관계에만 영향을 미치는 것이 아니다. 우리의 에너지 주파수마저 무겁게 떨어트려 미움과 단절로 점철된 또 다른 부정적인 관계를 끌어들인다. 수습할 새도 없이 모든 일이 엉키고 만다. 그나마 천만다행인 것은 명상으로 치유할 수 있다는 희망이다. 단 한 번의 명상으로도 그 끈을 끊고 에너지의 결박을 풀어 판단에서 벗어날 수 있으니, 옛 관계를 청산하고 아름답게 새 출발 할 때 가장 중요한 수련이 바로 명상이다.

지금까지 여러 단계를 거치는 동안 여러분은 불만이나 파괴적인 애착을 놓아버릴 정신적, 영적인 준비를 마쳤으니 이제 판단 디톡스 수련의 다섯 번째 단계인 명상에 들 차례다. 판단에 대한 집착에서 벗어나 사랑을 회복할 수 있는 여섯 가지 명상법을 준비했다. 각 명상이 하나씩 쌓이며 효과를 내므로 하루에 한 가지씩 6일 동안 실천하기를 권한다. 매일 아침 일어나자마자 즉시 에너지를 조율하고 그날 하루 일어날 기적적인 변화에 집중하는 것을 목표로 삼아 아침마다 명상을 하자.

장담하건대, 이 명상 수련을 통해 큰 위안을 얻을 것이다. 여섯 가지 명상 중에서도 특히 마음에 와닿는 것이 있겠지만, 일단은 이 책에 소개한 순서대로 모두 실천해보길 바란다. 6일 동안 수련하고 난 뒤에는 언제든 본인이 원하는 방식으로 자유롭게 명상을 활용해도 좋다. 하루에 하나씩 6일간 명상을 하고 나면 판단의 굴레에 스스로를 구속시키는 기운을 정화할 수 있다.

우리는 이 명상을 통해 자유로워질 뿐 아니라, 판단 디톡스 수련의 마지막 단계를 준비할 수 있다.

―

첫째 날

나쁜 에너지의 끈을 끊는 명상부터 시작해보자. 판단에 빠져드는 습관을 내려놓고 마음을 건강하게 회복하겠다는 강한 메시지를 우주에 전하는 명상이다. 노트를 옆에 두고 명상을 하다가 혹시 영감이 떠오르면 기록하자. 내 홈페이지의 자료실GabbyBernstein.com/bookresources에서 이 명상의 오디오 파일을 내려받을 수 있다.

나쁜 에너지의 끈을 끊는 아침 명상

• 바닥에 편하게 가부좌를 하고 앉거나 의자에 앉는다.

• 부드럽게 어깨를 편다.

• 코로 깊이 숨을 들이마시고 입으로 내쉰다.

• 들이마신다.

• 내쉰다.

• 들이마신다.

• 내쉰다.

• 숨을 쉴 때마다 점점 더 편안해진다.

• 들이마신다.

• 내쉰다.

• 호흡에 계속 집중한다.

• 코로 깊이 숨을 들이마시고 입으로 내쉰다.

• 머릿속이 잠잠해지고 온몸에서 평온한 기운이 발산하는 것을 느끼면서 더 깊은 치유를 준비한다.

• 내 마음대로 판단하던 사람을 이 명상의 시간으로 초대한다.

• 마음의 눈으로 내 앞에 있는 그 사람을 바라본다.

• 분노든 원망이든 나타나는 감정을 그대로 느낀다.

• 호흡을 하면서 나의 감정을 생생하게 느낀다.

• 숨을 들이마시고 내쉰다.

• 내 앞에 있는 사람을 볼 때 생기는 불만을 들이마신다.

• 그리고 내쉰다.

- 그 감정을 들이마시고 내쉰다.
- 그 사람과 나 사이에 있는 굵고 어두운 끈을 바라본다.
- 이 끈이 나의 가슴, 목, 배, 어디에 붙어 있는가?
- 마음에 떠오르는 어떤 형상이든 진짜라고 믿는다.
- 그 끈을 똑똑히 바라보고 끊을 준비를 한다.
- 부정적인 불균형의 기운에서 자신을 떼어낼 준비를 한다.
- 이제 나는 끈을 끊을 준비가 됐다.
- 나는 밝은 황금빛 검을 쥐고 있다.
- 이 검은 자유로워지고 싶은 열망과 평정을 찾으려는 노력을 나타 낸다.
- 준비가 되면 검을 낮춰 재빠르게 끈을 끊는다.
- 끈은 단숨에 두 동강 나 바닥으로 떨어진다.
- 깊이 숨을 들이마시고, 크게 안도의 한숨을 내쉰다.
- 떨어진 끈은 땅속으로 스며든다. 끈이 사라지며 나에게 남아 있 던 여운도 모두 사라진다.
- 내 앞에 서 있는 사람을 바라본다.
- 그 안의 순수함을 본다.
- 그 안의 빛을 본다.
- 그를 놓아준다.
- 숨을 들이마신다.
- 내쉰다.
- 들이마신다.

• 내쉰다.

• 마칠 준비가 되면 눈을 떠 주변을 바라본다.

눈을 뜬 뒤 어떤 경험을 했는지 노트에 적는다. 명상을 하고 나니 기분이 어떤지 5분 정도 자유롭게 글을 쓴다. 저녁에는 그날 하루 기분이 어떠했는지 주의 깊게 지켜보고 일기장에 자세히 적어둔다. 다음 날 아침이면 두 번째 명상을 할 준비가 될 것이다.

—

둘째 날

둘째 날에는 용서의 명상을 한다. 이 명상을 하면서 한없는 위안을 느끼기 바라며, 판단에 빠질 때마다 활용하면 좋겠다.

명상 수련의 미덕은 스스로 알아내려고 애쓰지 않아도 된다는 점이다. 용서하려는 의지만 있으면 된다. 용서하려는 마음으로 기꺼이 분노와 판단을 털어내겠다는 의지를 지니자. 용서는 내가 하는 것이 아니라 나에게 찾아오는 기적임을 기억하기 바란다. 안내에 따라 명상하면서 용서의 체험에 생기를 불어넣자. 판단 디톡스 수련의 마지막 단계에서는 용서하는 연습에 깊이를 더할 것이다. 그에 앞서 이 명상으로 마지막 단계를 준비하자.

용서의 아침 명상

- 의자에 앉거나 바닥에 가부좌하고 자세를 편안히 한다.

- 노트를 펴고 맨 위에 다음과 같이 쓴다. '나는 기꺼이 용서하겠습니다.'

- 살며시 눈을 감고 명상을 준비한다.

- 숨을 깊이 들이마신다.

- 내쉰다.

- 계속 코로 깊고도 긴 숨을 들이마시고 입으로 내뱉는다.

- 들이마신다.

- 내쉰다.

- 준비되면 판단하던 사람의 모습을 떠올린다.

- 또다시 내 앞에 선 그 사람을 바라본다.

- 그 사람은 이제 조금 더 밝아 보인다. 거리를 두고 바라볼 수 있다. 둘 사이의 끈이 끊어져 이미 마음이 편안하다.

- 내 앞에 선 그 사람을 바라보고 존중한다.

- 그의 순수함을 존중한다.

- 그의 아픔을 존중한다.

- 그의 빛을 존중한다.

- 숨을 들이마신다.

- 내쉰다.

- 깊고 길게 호흡하면서 다음 만트라를 반복한다.

- <u>나는 당신을 용서한다.</u>

- 당신의 빛이 보인다.
- 나는 당신을 용서한다.
- 당신의 빛이 보인다.
- 당신을 용서한다.
- 당신의 빛이 보인다.
- 당신을 용서한다.
- 당신의 빛이 보인다.
- 마음이 안정될 때까지 확신에 찬 목소리로 여러 번 되뇐다.
- 부정적인 생각에 빠지거나 정신이 흐트러지면 다시 만트라를 외우기 시작한다.
- 당신을 용서한다.
- 당신의 빛이 보인다.
- 조용히 마음속으로 만트라를 반복한다.
- 마칠 준비가 되면 눈을 떠 주변을 바라본다.

명상이 끝나면 노트를 펴서 어떤 경험을 했는지 자유롭게 쓴다. 아무것도 고치지 말고 5분 정도 펜이 가는 대로 적는다. 펜에 깃드는 인도에 따른다. 명상을 통해 내면의 지혜에 닿으면 우주의 사랑 넘치는 목소리가 우리를 용서와 위안으로 안내할 것이다. 기억하자, 이것은 영혼의 치유다. 아무것도 이해하려고 하지 않아도 괜찮다. 내면의 인도자가 이끄는 대로 따르면 된다. 노트에 적힌 글에서 당신의 사랑이 빛나게 하라.

자신이 쓴 글을 보고 놀랄지도 모른다. 의심하지 말고, 용서하려는 의지만 있다면 영이 개입한다는 사실을 믿기 바란다. 내가 적은 내용이 반드시 사랑 넘치는 글이 아닐 수도 있다. 명상이 끝난 후에 도리어 더 화가 나거나 속상하고 억울할 수도 있다. 어떤 증상이든 치유 과정 중에 나타나는 완전하고도 위대한 진전이니 자유롭게 글을 쓰고, 무엇도 섣불리 판단하지 말아야 한다.

노트에 글을 쓰면서 자기 생각이나 에너지가 조금이라도 달라졌는지 생각해보자. 그날 하루 어떤 기분이 드는지 주의 깊게 관찰하자. 마음이 가볍고 행복하며 안정된 느낌이 드는가? 용서하기로 마음먹었던 상대가 어떻게 느껴지는가?

이 과정을 경솔하게 단정 짓지 않도록 주의한다. 이틀 동안 명상한 뒤에도 여전히 강한 분노와 원망, 상처가 느껴지는가? 괜찮다. 명상에 옳고 그른 반응이란 없다. 이 과정을 믿고 기적이 일어날 가능성을 포기하지 않으면 된다.

—
셋째 날

판단에 사로잡히면 우리는 미처 드러나지 않은 분노와 화를 억누르곤 한다. 나는 판단에서 벗어나려고 명상을 하면서 이런 사실을 깨닫게 되었다. 호흡이나 만트라에 집중하자 편안하게 명상에 빠져들 수 있었지만 채 몇 분이 지나지 않아 다시 부정적이고 독선적인 생각에 사로잡혔다. 중독이나 다름없었다. 나쁜 생각들 때문에 몸과 마음이 불편해진 나는 그것을 애써 억눌렀다. 억지로 호흡과 만트라에 집중하면서 불편한 마음을 외면한다. 잠깐은 가능했지만 그 상태로는 편안히 명상을 마칠 수 없었다. 오히려 훨씬 더 불안해졌다.

어느 날 아침 명상을 하면서 다시 호흡하며 내면에 집중하고 있을 때 마치 알람이 울리듯 나쁜 생각이 떠올라 온 마음과 에너지, 감정까지 붙잡아버렸다. 에너지가 약해지면서 호흡이 빨라지는 것을 느꼈고, 좌절감과 분노, 화가 거품처럼 끓어오르기 시작했다.

좌절감이 최고치에 오르는 순간, 영적 힘을 느꼈다. 환상이 보였는데 나는 바다 위에 일렁이는 파도 속으로 뛰어드는 어린아이였다. 아버지께서 하시던 말씀이 생각났다. 파도를 거스르려고 하면 휩쓸리고 말지만 파도에 뛰어들면 반대쪽으로 나올 수 있다고.

나는 파도에 뛰어들어 헤엄치기를 좋아했다. 마치 바다와 아름다운 춤을 추는 것 같았다. 내가 바다를 통제할 수는 없지만 뛰어들면 자유로운 기분을 느꼈다. 이 환상은 다른 생각으로 이어졌다. 감정을 거스르지 말고 빠져들어보면 어떨까? 나는 깊이 호흡하며 감정의 파도에 빠져들었다.

숨을 들이마실 때는 파도에 뛰어드는 상상을 했다. 들이마시는 숨에 모든 감정을 느끼고 내뱉는 숨에 파도 반대편으로 빠져나왔다. 얼마 뒤 마음이 편안해지기 시작했다. 더 이상 감정을 억누르거나 통제하지 않아도 되니 자유로웠다. 그저 감정 속에서 호흡하며 흠뻑 빠져들면 될 뿐이었다. 그렇게 20분 동안 감정의 바다를 헤엄치다 반대편으로 빠져나왔다. 더 이상 내 감정을 판단하지 않고 감정 사이에서 호흡할 수 있었다. 이 수련으로 분노와의 관계가 영원히 바뀌었다. 내 안의 화를 존중함으로써 언제든 탈출구를 찾아 빠져나올 수 있음을 배웠다.

이 수련을 '감정의 파도를 타는 명상'으로 부르기로 했다. 이 명상은 반복되는 판단을 치유하는 데 완벽한 수련이다. 판단 이면에 숨은 감정을 존중하도록 해주기 때문이다. 사실 이런 감정들은 판단당할 아무런 이유가 없다. 단지 우리가 아픈 감정을 느끼고 싶지 않아서 판단을 이용하고 있을 뿐이다. 판단하는 데 에너지를 쏟으면 치유되지 못한 고통에서 오는 불편함을 잠시 잊을 수 있기 때문이다. 반복되는 판단을 내려놓는 가장 단순한 방법은 내 감정에 빠져들어 반대편으로 나오는 것이다.

자, 안내에 따라 감정의 파도를 타보자.

감정의 파도를 타는 아침 명상

- 바닥에 가부좌하고 편하게 앉거나 의자에 똑바로 앉는다.
- 어깨를 펴고 살며시 눈을 감는다.
- 깊이 숨을 들이마신다.
- 숨을 마시면서 떠오르는 감정을 모두 존중한다.
- 내쉬는 숨에 그 감정을 풀어놓는다.
- 다시 한번 깊이 숨을 들이마신다.
- 마시는 숨에 떠오르는 감정을 모두 존중한다.

- 내쉬는 숨에 풀어놓는다.
- 숨을 들이마신다.
- 그리고 떠오르는 감정을 모두 존중한다.
- 내쉬는 숨에 풀어놓는다.
- 명상하는 동안 이렇게 계속 호흡한다.
- 자신이 티 없이 맑고 푸른 바다에 있다고 생각한다.
- 물이 따뜻하여 마음이 진정된다.
- 주위에 아무도 없다.
- 바다를 바라보니 파도가 나를 향해 연달아 밀려오고 있다.
- 파도는 내 감정이다.
- 지금, 감정의 파도에 뛰어들 힘이 있다.
- 도망치거나 휩쓸리지 않을 수 있다.
- 무작정 첫 번째 파도에 뛰어든다.
- 파도가 밀려와 나를 덮칠 듯 높아지면 깊이 숨을 들이마시고 내 감정을 모두 느낀다.
- 내쉬는 숨에 파도에 뛰어든다.
- 감정의 파도 하나하나에서 호흡하며 깊이 빠져든다.
- 내쉬는 숨에 반대쪽으로 나온다.
- 숨을 들이마시면서 뛰어든다.
- 숨을 내쉬면서 반대쪽으로 빠져나온다.
- 나에게 끊임없이 몰려오는 감정의 파도와 춤을 추기 시작한다.
- 새로 다가오는 파도는 점점 작아진다.

- 빠져드는 파도는 조금씩 낮아진다.
- 숨을 쉴 때마다 더욱 마음이 편안해진다.
- 머지않아 파도가 잦아들면서 작아진다.
- 숨을 쉴 때마다 파도에 빠져들기가 쉽다.
- 파도가 몰려오는 간격이 점점 길어진다.
- 그사이에 나는 길고 느리게 호흡한다.
- 몸의 긴장이 풀리기 시작한다.
- 곧 바다가 잠잠해진다.
- 느긋하게 숨을 쉴 수 있다.
- 길고 깊게 숨을 쉬며 고요한 바다에서 휴식을 취한다.
- 물 위에 둥둥 떠서 얼굴을 간질이는 바람을 느낀다.
- 고요한 바다 위를 떠다닌다.
- 나는 차분하다. 나는 평온하다.
- 마지막으로 깊게 숨을 들이마신다.
- 마칠 준비가 되면 눈을 떠 주변을 바라본다.

이 수련으로 여러분도 내가 느꼈던 만큼 큰 기쁨과 평안을 느끼길 바란다. 나는 판단에 빠져들 때면 이 명상을 한다. 내 감정을 존중하면 판단에 의지할 이유도 없어진다. 무의식적인 두려움과 화는 가라앉고 고요하고 편안한 상태가 찾아온다. 마음이 평온하면 밖으로 투영할 생각도 없어진다. 날마다 에너지를 정화하고 감정적인 스트레스를 해소하고 싶을 때 이 명상이 생각날 것이다.

넷째 날

넷째 날 아침에는 만트라 명상으로 우리의 본성에 한 걸음 더 다가가고 나쁜 습관을 바로잡아보자. 쿤달리니 만트라인 '사트 남Sat Nam'을 활용한 이 명상은 집중력을 높이고 잔뜩 흐트러진 마음까지 차분하게 해준다. '사트 남'은 '진리는 나의 이름'이라는 뜻이다. 이 명상을 통해 소란스러운 에고의 목소리에서 서서히 벗어나 평화로운 마음가짐으로 돌아가자.

만트라 명상을 하면 모든 것을 뛰어넘는 진정한 휴식을 경험할 수 있다. 이런 상태에서는 스트레스 물질인 코르티솔이 감소하고 신경계가 안정된다. '사트 남' 만트라를 외우며 명상하면 고질적인 습관도 바꿀 수 있다. 만트라는 그 문구만으로도 치유 효과가 있다. '사트'는 생각을 한 단계 높은 수준으로 끌어올리고 의식을 영의 영역에 닿게 한다. '남'은 높아진 의식을 육신의 체험으로 돌려놓는다. '사트 남' 만트라를 따라 하는 행위는 내가 지금 겪고 있는 육신의 체험에 진실의 영이 깃들게 해달라고 구하는 것이다. 진실과 함께하면 신체적으로 의식이 밝아져 진정한 나의 모습인 사랑에 조금 더 가까이 다가갈 수 있다.

만트라를 외워도 명상 도중 다른 생각이 끼어들 수 있다. 그래도 괜찮으니 그 생각을 관찰하며 차분하게 만트라를 계속 외우자. 명상 중에 너무 많은 잡생각이 든다 해도 괜찮다. 이를 능동적 명상이라 한다. 판단과 별 상관없는 갖가지 생각이 명상 중에 나타나는 이유는 어떤 기운이 해방되어야 한다는 신호다. 명상 중에 어떤 현상이 나타나더라도 여러분의 몸과 마음에 좋은 효과가 있을 것이니 신경 쓰지 않아도 된다. 넷째 날 명상에 임할 준비가 되었다면 다음 안내에 따라 시작하자.

만트라 아침 명상

- 바닥에 가부좌하고 편하게 앉거나 의자에 똑바로 앉는다.
- 가볍게 눈을 감고 부드럽게 '제3의 눈'이 있는 미간에 집중한다.
- 만트라를 반복한다.
- 사트 남.
- 사트 남.
- 만트라를 반복하면서 길고 깊게 호흡한다.
- 사트 남.
- 사트 남.
- 다른 생각에 빠지면 부드럽게 다시 만트라를 외운다.
- 사트 남.
- 사트 남.
- 1분에서 20여 분 정도 앉아서 부드럽게 만트라를 반복한다.
- 명상이 끝나면 천천히 눈을 떠 편안히 정면을 바라본다.
- 곧바로 스마트폰을 보거나 명상에서 빠져나오지 말고, 1~2분 정도 쉬면서 몸이 천천히 원상태로 돌아오도록 기다린다.

이 명상을 마치고 나면 곧 힘찬 기운을 느낄 것이다. 만트라 명상은 스트레스를 현저히 감소시키고 긴장감을 완화한다. 10분 이상 명상했다면 큰 안정감을 느꼈을 것이다.

'사트 남'이라는 만트라를 반복함으로써 자신의 본성과 소통하는 데 집중할 수 있다. 명상이 끝난 후에는 온종일 어떤 기분이 드는지 주목한다. 짜증은 줄고 기운이 넘치며 평소보다 마음의 여유가 생기는 하루가 될 것이다. 비판적인 생각에 기대게 되면 집으로 돌아올 때도 '사트 남'을 반복하라.

여섯 가지 명상을 모두 마치면 만트라 명상을 중심 수련으로 삼고 싶어질 수도 있다. 소란스러운 마음을 잠잠하게 하고 평화를 되찾는 데 도움이 되는 쉬운 명상법이다.

―

다섯째 날

만트라 명상을 했으니 이제 한층 더 높은 수준의 위안을 얻을 차례다. 다음 수련으로 일체감에 한 걸음 가까이 다가설 수 있다. 우리는 인간관계에서 일체감을 열망한다. 우리 모두 같은 존재라는 사실을 마음 깊은 곳에서 느끼기 때문이다. 누구나 소통하면서 행복을 느끼고 싶지만 판단이라는 곁길에 빠져 헤매고 만다.

나는 1년 전에 출간한 책《우주에는 기적의 에너지가 있다》를 통해 일체감을 느끼는 명상을 소개했다. 이후 책에서 안내한 대로 수련하며 일체감에 자신을 맡겼더니 인생을 바꿀 만한 엄청난 변화를 경험했다는 이야기를 많은 독자로부터 전해 들었다. 압도적으로 많은 피드백을 받은 까닭에 이 책에 다시 한번 소개한다. 일체감을 느끼는 경험에 더 가까이 다가감으로써 왜곡된 생각을 내려놓는 데 조금이라도 도움이 되었으면 좋겠다. 이 명상을 하면 자신의 진정한 근원과 연결되어 있음을 느끼며 본성을 회복하게 될 것이다.

명상을 하는 동안 자이 자그디시Jai-Jagdeesh의 노래 〈나는 당신의 것입니다I Am Thine〉를 틀어놓기를 권한다. 음원은 유튜브나 내 자료실 GabbyBernstein.com/bookresources에서 찾을 수 있다.

일체감을 느끼는 아침 명상

- 가부좌를 하고 편하게 바닥에 앉는다.
- 오른손은 주먹을 쥐어 검지로 위를 가리키고, 왼손바닥은 심장 위에 댄다.
- 눈을 감고 제3의 눈이 있는 미간에 초점을 맞춘다.
- 다음 만트라를 따라 한다.
- 후미 홈, 투미 툼, 와헤 구루Humee Hum, Tumee Tum, Wahe Guru. 나는 당신의 것이고, 당신은 내 안에 있어요. 와헤 구루.
- 11분 동안 음악을 따라 만트라를 외운다.

이 명상은 우리 모두가 서로 연결되어 있음을 축하하는 것이다. '후미 홈'은 자신의 의식과 연결되게 해주고, '투미 툼'은 나의 의식과 상

대방의 의식이 연결되어 있음을 받아들이게 한다. '와헤 구루'는 모두가 우주와 연결되어 있다는 뜻이다. 그다음 "나는 당신의 것이고, 당신은 내 안에 있어요."라고 말하며 분리된 자의식을 놓아버리고 무한한 자아로 확장해간다. 그러면 세상은 우리가 우주와 하나임을 확인해준다. 마지막으로 '와헤 구루' 만트라를 부르며 이 우주적인 연결을 축복한다.

쿤달리니 요가와 명상에서 내가 가장 좋아하는 요소가 바로 만트라다. 우주와 내가 서로 이어져 있음을 기억하게 해주기 때문이다. 지금껏 긴 만트라를 따라 외운 적이 없다면 이번 기회에 시도해보길 바란다. 이 쿤달리니 명상을 소개하는 이유는 여러분이 단절의 벽을 허물고 주변 사람들과의 관계에서 일체감을 되찾는 기분이 어떤 것인지 느껴보기를 바라기 때문이다.

명상이 끝나면 노트를 펴고 자신의 경험에 관해 5분 정도 자유롭게 쓴다. 펜이 가는 대로 놓아두며 내면의 인도자가 나를 통해 글을 쓴다고 생각하자. 노트에 적힌 글을 읽으면서 일체감이 찾아온 순간을 기념하자.

그런 뒤에는 온종일 어떤 기분이 느껴지는지 주의 깊게 관찰한다. 다른 사람들에게 더욱 다정하고 친절해지며 상대방을 이해하려는 생각이 들지 모른다. 사람들과 조금 더 가까워진 듯한 느낌이 들 수도 있다. 이 명상이 어떤 영향을 주었는지 관찰하고 일체감을 이해하려는 자신의 노력을 자랑스럽게 여기자. 일체감을 느끼는 명상을 하면 내면의 존재가 변화하는 것을 느낄 수 있다. 만트라의 힘과 그 이면에 숨쉬는 자신의 의지를 믿자.

소리 내어 말한다는 것은 온 우주에 치유를 받아들일 준비가 됐다고 선언하는 것이다. 앞으로 다가올 기적에 주의를 기울이자.

여섯째 날

마지막 명상은 판단의 눈으로 바라보던 사람을 처음 만난 듯 바라보도록 도와줄 것이다. 나는 진정한 일체감을 다시 떠올리고 누군가에게 덧씌운 허상을 벗어던져야 할 때 이 명상을 한다. 우리는 물리적인 공간을 뛰어넘는 본질을 함께 공유하고 있다. 다른 사람의 영적인 본질과 다시 연결된다면 그들에게 덧씌운 판단이나 과거를 떠나보낼 수 있다. 상대방에 대한 오해가 풀리면 우리도 고통에서 벗어나 자유로워질 수 있다. 이 명상의 이름은 위대한 빛의 명상이다.

위대한 빛의 아침 명상

- 눈을 감는다.
- 의자나 바닥에 똑바로 앉아 손바닥이 천장을 향하게 한다.
- 숨을 들이마신다.
- 내쉰다.
- 들이마신다.
- 내쉰다.
- 호흡을 유지하며 편안한 상태로 점점 더 깊이 빠져든다.
- 내 마음대로 판단하는 관계를 떠올린다.
- 내 앞에 마주 앉은 사람을 본다.
- 내 몸 어디에서 상대에게 불편함을 느끼는지 찾는다.
- 그 부분에 깊이 숨을 불어넣는다.
- 내쉬는 숨에 긴장을 완화한다.
- 불편한 감정을 들이마신다.
- 내쉰다.
- 계속 호흡한다.
- 조용히 기도하면서 나의 판단을 내면의 인도자에게 맡긴다. 이 두려움을 바꾸고 싶어 내면의 인도자에게 맡깁니다. 인도자의 안내를 기쁘게 맞이하겠습니다.
- 숨을 들이마시면서 기도한다. 나는 당신의 빛이 보입니다.

- 내쉬면서 기도한다. 두려움이 사라집니다.
- 들이마시면서, 사랑과 빛을 택하겠습니다.
- 내쉬면서, 당신을 받아들이겠습니다.
- 들이마시면서, 치유의 위대한 빛을 기쁘게 맞이합니다.
- 내쉬면서, 나에게는 빛만 보입니다.
- 만트라를 계속 외우면서 내면의 인도자가 이끄는 대로 사랑과 빛의 생각을 회복한다.
- 만트라를 반복할 때마다 위대한 빛이 내 머리 위로 쏟아져 내리는 모습을 본다.
- 숨을 들이쉬고 내쉴 때마다 위대한 빛줄기는 점점 퍼져 나간다.
- 이제 빛 외에는 보이지 않는다.
- 만트라를 반복하며 빛을 부른다.
- 숨을 들이마시면서, 나는 당신의 빛이 보입니다.
- 내쉬면서, 두려움이 사라집니다.
- 들이마시면서, 사랑과 빛을 택하겠습니다.
- 내쉬면서, 당신을 받아들이겠습니다.
- 들이마시면서, 치유의 위대한 빛을 기쁘게 맞이합니다.
- 내쉬면서, 나에게는 빛만 보입니다.
- 빛을 경험하며 긴장을 풀고 빛에 의식을 맡긴다.
- 빛으로 나의 판단을 녹여 사라지게 한다.
- 빛으로 공격성이 사라진다.
- 빛으로 모든 잘못이 지워진다.

- 빛으로 사랑을 회복한다.
- 빛 외에는 보이지 않는다.
- 차분히 앉아 원하는 만큼 충분히 빛의 체험을 즐긴다.
- 명상을 마칠 준비가 되면 깊이 숨을 들이마셨다가 내쉰다.
- 그리고 천천히 눈을 떠 주변을 바라본다.
- 1~2분 정도 몸이 원상태로 돌아오도록 기다린다.
- 명상에서 느낀 감정이 내 안에 퍼져 나가도록 한다.

이 명상에는 어마어마한 치유력이 있다. 실제로 상대방에 대한 생각을 영원히 바꿀 수도 있다. 누군가를 빛으로 바라보면 그들의 진짜 모습을 떠올릴 수 있다. 누군가를 처음처럼 바라보는 수련에 이 명상이 큰 도움이 될 것이다.

우리의 중심에는 사랑과 빛만 존재한다. 위대한 빛줄기는 진정한 소통과 일체감을 의미한다. 이 명상의 이미지처럼 내 마음속에 있는 사랑과 하나가 되도록 노력하자. 위대한 빛으로 나 자신과 타인을 바라볼 때가 바로 참된 본질을 회복한 순간이다.

명상을 마치고 나면 위대한 빛이 나에게 내려오는 모습을 온종일 기억하자. 마음을 불편하게 하는 사람이 있으면 곧바로 위대한 빛줄기를 상상하자. 새로운 판단이 나타나면 눈을 감고 위대한 빛줄기로 향하는 자신을 상상하자.

이 명상을 매일 수련하기로 마음먹은 사람도 있을 것이다. 꾸준히 위대한 빛을 묵상하면 더 쉽게 빛의 치유를 받아들일 수 있다. 위대한 빛줄기는 단지 명상을 통해 바라보는 이미지가 아니라 우리를 판단에서 해방하고 사랑까지 이어주는 지름길이 될 것이다.

반짝이며 나를 비추는 햇빛과 마찬가지로 위대한 빛도 내면의 사랑이 발산하는 빛줄기다. 관계를 치유하려면 육신의 어둠을 넘어 영혼의 빛줄기를 바라봐야 하는데 위대한 빛의 명상을 하면 참된 지각력을 갖춘 영의 눈으로 세상을 바라보게 된다. 이 명상이 끝난 뒤 기분이 어떤지 살펴보자. 안도의 눈물을 흘릴 수도 있고 사랑의 에너지를 느낄 수도 있으며 용서가 움트는 것을 알아차리게 될 수도 있다.

마지막으로, 여섯 가지 명상 중 하나라도 빠트리지 않아야 한다는 점을 다시 한번 강조하고 싶다. 이 명상들은 우리 마음속에 하나씩 쌓여서 판단을 해소하는 효과를 내도록 설계되었다. 그러므로 여섯 가지 명상을 순서대로 마치고 난 다음에 하나를 정해서 매일 수련하길 바란다. 명상은 우리를 내면의 사랑 넘치는 본성과 다시 이어주므로 아침에 5분 정도만 투자해도 그날 하루를 살아갈 에너지를 조율할 수 있다.

여러분의 영적 수련에서 명상이 중요한 의미를 지니기를 소망한다. 명상을 하면 마음의 조급함이 사라지고 에너지가 정리되어 내면의 인도 체계가 작동할 수 있는 마음 공간이 생긴다. 그러나 내면의 인도에 집중하려면 시간이 필요하다. 에고는 명상하기를 거부하겠지만, 에고가 저항하는 것이야말로 내 영혼에 약이 된다는 사실을 잊지 말자. 날마다 명상하는 습관을 들일수록 에고의 저항은 약해진다. 명상에 점점 더 익숙해지면 사랑에 연결된 느낌을 받을 것이다.

명상을 하면서 여러분은 판단 디톡스 수련의 마지막 단계에 들어갈 준비를 마쳤다. 마지막 단계에서는 자신의 경험을 더욱 온전히 영혼에 맡기고 영적 치유를 시작할 것이다. 우리 안에 사랑이 들어오도록 기꺼이 마음을 열자. 여섯 번째 단계는 수련 과정 중에서 가장 수동적이면서도 한편으로는 가장 강력한 방법이다.

다음 수련을 통해 이 모든 여정을 완성하고 자유를 만끽할 준비를 하자.

STEP 6

용서
그림자에 빛을 비춰라

영적 성장을 향한 여정을 시작하고 얼마 지나지 않았을 무렵 나는《기적수업》을 만나게 되었다.《기적수업》은 두려움을 극복하고 용서를 실천하여 사랑을 기억하는 법을 가르치는 영성학 책으로, 분량이 너무 길고 낯선 용어가 많아 영성학을 처음 접하는 이들에게는 선뜻 내키지 않을 수 있다. 하지만 핵심 메시지는 오묘하면서도 단순하다. 두려움을 직시하고 내면의 인도자에게 내맡겨 치유를 구하며 용서를 통해 기적으로 다가가라는 메시지가 담겨 있다.

그 수련이 매우 효과적이어서 나는 더할 나위 없이 기뻤고, 그 책의 가르침을 통해 놀라운 변화를 경험했다. 나에게 가장 큰 울림을 준 점은 용서를 강조한 것인데 나는 그것을 계기로 모든 관계에 용서를 적용하기 시작했다.

《기적수업》의 가르침은 비교적 단순하지만 실제로 적용하기까지는 많은 어려움이 따른다. 예를 들면, 월급을 올려주지 않는 상사나 방을 어지럽히는 룸메이트를 용서하기는 쉽다. 그러나 나에게 트라우마를 남긴 끔찍한 일을 저지른 사람을 어떻게 쉽게 용서할 수 있겠는가? 나는 강연 도중 청중들로부터 여러 가지 질문을 받았는데, 자신을 강간한 가해자나 아이를 차로 친 음주 운전자처럼 무시무시한 일을 저지른 사람을 어떻게 용서할 수 있느냐는 질문도 많았다. 솔직히 그런 비극적인 사연을 듣고 어떻게 대답해야 할지 나도 당혹스러웠다.

'용서'에 관한 고민에서 헤어 나오지 못하던 나는 다시 《기적수업》을 펼쳤다. 진심으로 용서의 참뜻을 깨닫고 《기적수업》의 메시지를 깊이 이해하게 되기를 간절히 바랐다. 책을 다시 읽으면서 진정한 용서는 어둠 속에서도 빛을 보고 죄를 사랑으로 전환하려는 의지에서 비롯된다는 것을 깨닫게 되었다. 용서하고 싶지 않을 때 우리는 마음 문을 닫은 채 무슨 수를 써서라도 죄책감을 피하려고 발버둥 친다.

《기적수업》에는 다음과 같은 내용이 있다.

용서할 수 없다는 생각은 다방면으로 영향을 끼친다. 절대 용서하지 않겠다는 목표를 이루려고 필사적으로 행동하게 한다. 자기 결심을 방해한다고 생각되면 무엇이든 왜곡하고 뒤바꾸면서 용서하지 않겠다는 목표를 굳건히 한다. 현실을 왜곡하는 것은 목표를 달성하는 수단이자 그 자체로 목표가 된다. 용서할 수 없다는 생각에 부합하지 않는 사실이 있어도 애써 무시한다.

반면, 용서는 차분하고 조용해서 아무 영향도 끼치지 않는다. 현실의 어떤 면도 공격하지 않으며 자신이 원하는 대로 현실을 왜곡하려 들지 않는다. 그저 바라보고 기다리며 아무것도 판단하지 않는다. 용서하지 못하는 사람은 자신의 생각을 정당화해야 하기 때문에 독선적으로 판단할 수밖에 없다. 그러나 용서하는 사람은 있는 그대로 진실을 기쁘게 맞이하는 법을 배운다.

어떤 사건이든 용서하지 않겠다고 마음먹으면 판단의 굴레에 갇히고 만다. 우리가 남을 판단하는 이유는 그래야만 과거의 사건에서 스스로를 보호할 수 있다고 생각하기 때문이다. 그러고는 남을 재단하는 자신의 모습에 죄의식을 느낀다. 깊은 트라우마를 남긴 사건이라면 가해자를 증오하는 것이 당연하다고 생각하겠지만, 그 증오 때문에 우리는 지금도 마음의 평화를 찾지 못하고 있다. 끊임없이 자신이 피해자라고 생각하는 한 상처는 아물 수 없다. 용서하지 않으면 과거의 그림자와 그것이 투영된 현실에 계속 머무를 수밖에 없다.

지금 당장 용서하는 것이 힘들다면 억지로 하지 않아도 된다. 용서할 의지만 있다면 언젠가는 용서로 이어지는 문을 열 수 있다. 의지가 생기면 영이 우리의 부름을 듣고 용서의 길로 인도하기 때문이다. 《기적수업》에는 "아무것도 하려 들지 말고 용서가 해결책을 보여주게 하라."라는 말이 있다. 우리 내면에 있는 스승의 눈으로 단절과 판단을 바라보면 용서할 수 있다. 남들이 나에게 행했다고 여기고 판단했던 일들이 사실은 내가 나에게 행하고 있었던 것임을 영적인 눈을 통해

볼 수 있게 된다. 용서하려고 하지 않으면 두려움이 사라지지 않으나 용서하겠다고 마음먹는 순간 영이 개입하여 판단과 두려움이 끼치는 영향을 바꿔놓을 수 있다.

얼마 후 다시 청중을 만났을 때는 더 큰 깨달음을 바탕으로 용서에 관해 이야기할 수 있었다. 기꺼이 과거에서 해방되어 피해자 관점의 이야기는 잊고 행복하고 안전하다는 생각만 하겠다는 의지를 가지라고 독려했다. 궁극적으로 남을 용서하면 그들을 원망하던 마음의 짐으로부터 벗어나 자유로워진다고도 했다. 비록 어떻게 용서할지, 용서하기까지 얼마나 오랜 시간이 필요할지는 몰라도 기꺼이 용서하려는 마음을 먹음으로써 우리는 치유받을 수 있다고 설명했다. 용서한다고 해서 심각한 아픔을 준 사람에게 면죄부를 준다는 뜻은 아니라고 선을 그었다. 단지 그들을 증오하는 데 기운을 쏟지 않는 것만으로도 우리는 자유로워질 수 있음을 강조했다. 자유를 느낄 수 있다고 하니 아무도 의문을 제기하지 않았다. 용서하기 싫은 마음보다 자유롭고 싶은 열망이 훨씬 강하기 때문일 것이다. 게다가 단지 용서할 의지만 있으면 된다는 사실에 청중은 자신감과 안정감을 느꼈을 것이다.

용서는 우리가 이해하고 노력해야 얻어지는 것이 아니다. 용서는 누구나 진정으로 바라는 사람에게 주어지는 선물이다. 사랑의 눈으로 에고를 관찰하면 온화하게 세상을 바라볼 수 있다. 자신의 생각을 공격이나 죄책감, 두려움 없이 바라보는 것이야말로 용서의 핵심이다.

용서하려는 의지가 있다면 어둠에 둘러싸인 생각을 진실의 빛으로 밝힐 수 있다. 판단은 숨기려 할수록 마음속 가장 어두운 구석으로 숨어드는데 그렇게 되면 돌이키기가 더욱 힘들어진다. 어둠 속에서 사는 삶은 저항과 시련으로 이어질 뿐이다. 내 안에 빛이 들어와 비추게 하는 것이야말로 진정한 치유를 받아들이는 길이다.

판단 디톡스 수련의 끝은 용서다. 여기까지 오면서 우리는 남들과 자기 자신에게 더 깊은 연민을 느끼게 되었다. 내 안의 판단을 바라보고 상처를 존중함으로써 치유의 여정을 시작할 자유 의지를 얻었다. 기도를 통해 내면의 인도자에게 판단을 내맡기자 영적 인도의 문이 열리기 시작했다. 처음처럼 바라보는 연습을 하면서 연민의 진정한 의미를 배웠다. 그리고 명상은 일체감에 대한 믿음을 회복하는 변화의 도구가 되었다. 이제 용서를 통해 나 자신이 완전히 자유로운 상태가 될 때 이 수련을 완성할 수 있다.

용서에 이르는 방법은 단순하다. 그러나 에고는 아직 한참 멀었다고 속삭이며 그 단순함에도 저항할 것이다. 만약 저항심이 생긴다면 터무니없는 에고의 목소리에 한바탕 웃어주자. 그리고 우리는 무엇에도 이를 필요가 없다는 사실을 받아들이자. 용서하려는 의지와 무한한 즐거움을 바라는 열망 외에는 아무 노력도 필요 없다. 자, 다음 안내에 따라 용서에 자신을 맡겨보자.

용서에 이르는 3단계

《기적수업》워크북에는 다음과 같은 내용이 있다.

> 우리는 자기만의 세계에서 벗어날 수 있다. 그 세계를 형성한 근원을
> 바꿀 수 있기 때문이다. 그렇게 하려면 첫째, 원인을 파악하고 둘째,
> 그 원인을 내려놓음으로써 셋째, 변화하게 해야 한다. 두 번째 단계,
> 즉 내려놓기까지는 각자의 노력이 필요하지만 마지막 단계인 변화는
> 그렇지 않다.

용서는 판단을 사랑으로 인도하는 세 단계로 구성된다. 지금까지
배운 가르침과 자신의 의지를 믿고 판단 디톡스 수련의 마지막 단계
를 완성하길 바란다. 만약 수련 도중 에고가 목소리를 내면 자유롭고
즐겁게 살고자 하는 의지를 다시 떠올리자. 그 의지만으로도 무엇이
든 해낼 수 있다.

용서의 첫 번째 단계는 숨어 있는 에고를 드러내는 것이다. 그러려
면 그릇된 마음으로 내린 선택을 알아차려야 한다. 그릇된 마음이 내
린 선택이란, 나 자신 또는 다른 누군가를 판단한 것을 의미한다. 그러
나 에고는 문제의 원인이 자신에게 있는 것이 아니라 외부에 있다고
끊임없이 속삭인다. 에고의 목소리에 휘둘리면 우리는 다른 사람을
우상화하거나 특별한 관계를 만들어내고 피해 의식에 젖어 앞으로 벌
어질 일을 미리 단정 짓게 되는데, 그래서는 안 된다.

에고가 지배하는 마음은 독선적이지만 영이 깃든 마음에는 사랑이 넘친다. 에고의 생각에 의문을 제기해야 남을 판단하거나 공격할 이유가 없다는 사실을 이해할 수 있다. 언제든 마음속에 판단이 움튼다고 느낄 때면 멈추고 돌아서면 된다. 에고의 목소리에 반응해 잘못된 생각에 사로잡히는 자신을 발견하는 순간, 스스로 멈추고 조심스럽게 내면의 인도자에게 에고를 드러내자. 에고를 드러내는 수련을 하면 할수록 영적 인도를 받아들이기가 점점 더 쉬워진다.

《기적수업》 강연자인 데이비드 호프마이스터David Hoffmeister는 마음속에 어둠이 나타날 때 거칠게 대응하지 말고 두 팔 벌려 환영하라고 가르친다. 어떤 문제를 겪으면서 에고가 독선적으로 반응할 때 우리는 뒷걸음질 치며 도망가고 싶다고 생각한다. 호프마이스터는 두려울지라도 에고가 만들어내는 환상을 마주하라고 충고한다. 어떤 감정이 다가오든 기꺼이 밝게 드러내려고 노력해보자. 에고는 그 감정을 정당화하려고 무슨 짓이든 할 것이므로 에고의 목소리가 설득력 있게 다가올지도 모른다. 그러나 용서의 길을 가려면 에고가 꾸며낸 환상을 드러내 밝은 빛을 비춰야 한다.

용서의 두 번째 단계는 자신이 그릇된 선택을 했음을 인정하고 다시 선택하는 것이다. 판단은 우리 마음속의 죄책감과 고통이 투영된 결과이며, 우리의 고통을 밖으로 투사하는 패턴도 자신이 선택한 결과다. 스스로 피해자라고 여기며 고통을 외면하는 쪽을 선택하면 판단의 악순환으로 자신을 다치게 할 뿐이지만, 죄책감을 걷어내면 사랑이 나타난다. 사랑은 우리가 선택할 때만 경험할 수 있다.

《기적수업》에는 다음과 같은 가르침이 있다. "스스로 잘못된 선택을 했음을 안다. 이제 다시 선택하고 싶다. 이번에는 성령과 함께하기로 했으니 성령이 나를 대신해 흠 없는 선택을 내릴 것이다." 용서의 두 번째 단계는 힘을 북돋는 과정이다. 지난날 두려움에 가득 차서 내린 결정을 가만히 살펴보고 지금부터는 영의 눈으로 바라보겠다고 선택하자. 에고가 만드는 환상을 더 이상 허락하지 않겠다고 결단하자. 《기적수업》의 표현을 빌리자면, '더 이상 마음의 방황을 용납하지 말아야' 한다.

용서의 세 번째 단계는 도움을 구하는 것이다. 구체적으로 말하자면 내가 스스로 할 수 없는 일을 내면의 인도자에게 내맡겨야 한다는 뜻이다. 용서하려는 열망을 영에 맡기고 인도를 구함으로써 내 의식 속에 사랑이 빛을 발하게 하자. 사랑의 힘으로 내 마음에 빛을 받아들이겠다는 의지를 품자. 항상 이야기하지만 그 의지만으로도 충분하다. 나의 두려움과 판단, 공격성을 내려놓고 그 자리를 용서로 채우겠다는 의지를 드러내는 것이 이 단계에서 우리가 할 일이다.

《기적수업》에 수록된 아름다운 기도문이 여러분을 응원할 것이다. 사랑과 멀어진 느낌이 들 때나 기꺼이 용서하고 싶을 때, 언제든 다음 기도문을 외워보자.

나는 그릇된 선택을 했습니다. 마음에 평화가 없기 때문입니다.
스스로 그릇된 선택을 했지만 다른 결정을 내릴 수 있습니다.
다른 결정을 내리고 싶습니다. 평화를 바랍니다.

죄책감은 느끼지 않습니다.

우주에 내맡기면 그릇된 선택의 결과를 바로잡아 줄 테니까요.

우주에 맡기겠습니다. 우주여, 당신의 뜻대로 하소서.

기꺼이 사랑을 선택하려는 의지를 품을 때 비로소 영이 개입한다. 영은 우리가 놓으려 하지 않는 것을 억지로 빼앗지 않는다. 그러나 기꺼이 용서하려고 하면 수치심과 죄책감, 죄까지 모두 가져가 다시 사랑을 바라보도록 도와줄 것이다.

여러분이 여기까지 온 것은 판단을 내려놓고 행복을, 두려움보다는 사랑을 선택한 결과이다. 더욱 충만한 삶을 살아갈 준비가 되었고 평안하고 즐거운 인생만이 올바른 선택이라는 사실을 받아들일 때가 되었다. 잘못된 판단을 우주에 맡기고 용서를 맞이할 때 아름다운 일들이 동시에 나타나기 시작한다. 판단하고 미워했던 사람에게서 난데없이 이메일을 받거나 길을 가다가 우연히 그들과 마주치기도 한다! 용서는 고요한 명상 가운데서 찾아오기도 한다. 내가 명상하며 친구에게 사랑을 전하자마자 그에게서 문자가 온 것처럼.

판단 디톡스 수련을 하면서 평안함이 다가오고 있다고 믿으며 참을성 있게 견디기 바란다. 나의 내면에 있는 존재는 다시 사랑과 하나 되기를 항상 바랐기 때문에 도움을 구하는 순간 사랑과 내가 일치되기 시작한다. 마음을 편히 갖자. 그리고 용서하려는 열망이 있다면 영적 안내자가 길을 안내해 준다는 사실만 기억하자.

물론 용서가 정의롭지 않은 일에 대하여 등을 돌리고 침묵하는 것은 결코 아니다. 영적인 힘은 수련의 한 과정으로써 자신의 목소리를 내도록 인도하기도 할 것이다. 예를 들면, 용서할 대상에게 나의 경험을 이해시키는 편지를 쓰고, 그 사람을 있는 그대로 받아들일 수 있도록 이끌어준다. 또한 용서한다고 해서 제자리에 머물러 있어야 한다는 뜻도 아니다. 나를 때린 남편을 용서할 수 있지만 절대로 결혼 생활을 유지할 수는 없다.

용서는 '나 자신'을 위한 축복임을 기억하자. 용서하고 내려놓으면 부정적인 기운에 얽매이는 긴장감과 트라우마에서 벗어날 수 있다. 긴장감이 사라지면 에너지장이 자유로워져 새롭고 기적적인 삶을 시작할 수 있다. 스스로 두려움에 빠져든다고 느낄 때마다 마음속으로 용서의 세 단계를 실천해보자.

첫째, 에고를 드러내고, 죄책감과 죄를 남에게 투영하는 나 자신을 돌아본다.

둘째, 기꺼이 새로운 선택을 한다.

셋째, 용서와 함께 영적 존재를 마음속에 초대한다.

《기적수업》의 메시지를 다시 한번 새겨보길 바란다.

우리는 자기만의 세계에서 벗어날 수 있다. 그 세계를 형성한 근원을 바꿀 수 있기 때문이다. 그렇게 하려면 첫째, 원인을 파악하고 둘째, 그 원인을 내려놓음으로써 셋째, 변화하게 해야 한다. 두 번째 단계, 즉 내려놓기까지는 각자의 노력이 필요하지만 마지막 단계인 변화는 그렇지 않다.

용서가 얼마나 간단한지 깨닫는 것만으로도 상당한 위안을 얻었을 것이다. 용서하려고 힘들게 무엇을 '할' 필요가 없다고 한 이유를 이제 알겠는가? 우리가 해야 할 일은 기꺼이 사랑을 바라보고 영적 인도를 구할 의지를 갖는 것밖에는 없다.

이제부터는 용서하는 연습을 해보자. 첫 번째 단계에서 적었던 판단 관찰 일기를 펼쳐 처음에 어떠한 불만 가득한 판단들을 기록했는지 살펴보자. 지금까지의 단계들을 거치면서 대부분 치유되기 시작했을 것이다. 그러나 완전한 치유에는 진정한 용서가 필요하다.

노트에 열을 세 개 더 만들고, 다음의 예시를 참고해서 자기 생각을 기록해보자.

지금껏 판단하고 미워했던 사람은 누구이며, 어떤 기분이 들었는가?	새로운 선택은 무엇인가? 왜 내려놓으려 하는가?	용서하게 해달라고 영적 존재에게 기도한다.
직장에서 일을 전혀 도와주지 않는 동료가 싫다. 매일 화가 나고 온종일 그에게 복수할 궁리만 하게 된다. 가족 앞에서도 줄곧 힘들다고 불평하게 되니 가족과의 관계에도 나쁜 영향을 미친다.	이 사람을 용서하고 마음의 평화를 얻겠다. 상대에 대한 판단을 내려놓으면 가족과 일, 나 자신에게 더 많은 시간을 쓸 수 있다. 분노를 털어버리면 해방감을 느낄 것이다.	우주여, 내게서 이 분노를 가져가주니 고맙습니다. 이제 어둠을 빛에 내맡기고 사랑과 평화를 바라보겠습니다.

첫 번째 열에는 지금껏 판단했던 사람의 이름을 쓰고 어떤 기분을 느끼는지 적는다. 물론 그 대상이 자기 자신일 수도 있다. 불만이나 미움, 비판적인 생각 때문에 얼마나 분노하고 두려워하며 좌절했는지

자세히 살펴본다. 두 번째 열에는 다시 선택하려는 이유를 쓴다. 마지막 세 번째 열에는 기도를 적는다. 《기적수업》의 기도문을 활용해도 좋고, 자기만의 기도를 적어도 된다. 글을 쓰면서 내면의 인도자에게 왜곡된 판단을 내맡기고 용서하게 해달라고 기도한다.

종이에 적는 행위도 하나의 기도이며 의식이다. 나의 비뚤어진 생각을 낮은 자세로 바라보고 새로운 선택을 하여 판단의 자리에 사랑이 들어오도록 기도하자. 이때 한 번에 하나의 판단에만 집중하는 것이 좋다. 서두르지 말고 앞으로 감정이 어떻게 바뀌어가는지 섬세하게 느껴보길 바란다. 머지않아 이런 연습에 아주 익숙해져서 따로 적을 필요도 없게 될 것이다. 언제든 용서할 준비가 되면 마음속에서도 노트에 그린 세 개의 열을 볼 수 있을 테니까.

용서는 시간이 갈수록 쉬워진다. 어느새 습관이 된 두려움의 자리에 이제 용서가 들어올 때다. 내 안의 모든 판단에 이 방법을 적용해보자. 단, 조금 사소하고 감정적으로도 가벼운 판단부터 용서하는 연습을 시작하길 권한다. 바가지를 씌운 장사꾼이나 열등감을 느끼게 한 선생님에 대한 판단부터 시작해보면 어떨까.

내려놓기 쉬워 보이는 판단부터 용서하는 연습을 하는 것이 좋다. 그러면 용서하기가 점점 더 쉬워지면서 결국에는 가장 힘든 문제까지도 용서할 수 있게 될 것이다.

용서의 약속

용서의 약속이란 독선과 공격의 굴레에서 해방되는 것을 의미한다. 용서는 두려움을 사랑과 이어주고, 우리를 우주의 사랑과 다시 소통하게 한다. 용서를 기쁘게 맞이하면 두려움을 내려놓고 사랑을 기억할 수 있다. 용서의 눈에는 오직 빛만 보인다.

용서에 관한 극적인 이야기들이 많은데, 그 가운데 스칼릿 루이스Scarlett Lewis의 이야기가 오랫동안 기억에 남아 있다. 스칼릿과 나는 강연장 대기실에서 처음 만났다. 당시 우리는 같은 출판사에 글을 기고하고 있어 둘 다 강연자로 초대받았다. 스칼릿의 사연이나 책에 관해서는 익히 들어 알고 있었다. 그녀는 샌디훅 초등학교 총기 난사 사건의 피해자였기 때문이다.

2012년 12월 14일, 미국 코네티컷주 뉴타운의 샌디훅 초등학교에 침입한 애덤 랜자는 스무 명의 어린아이와 여섯 명의 어른을 죽이고 자살했다. 그날 스칼릿은 여섯 살 난 아들 제시를 잃었다. 상상할 수 없는 아픔을 겪은 스칼릿은 치유되리라는 믿음으로 희망을 바라보았다. 그녀는《치유하는 사랑의 성장기: 어느 엄마의 희망과 용서의 여정Nurturing Healing Love: A Mother's Journey of Hope and Forgiveness》이라는 책을 펴냈는데, 비극에서 시작된 온갖 분노와 원한, 절망에도 용서하는 법을 찾아냈다.

스칼릿의 책에 다음과 같은 내용이 있다.

그 사건을 극복하는 데 용서가 가장 큰 역할을 했다. 사건 직후 자원봉사자 한 명이 집에 찾아왔다. 무릎을 꿇고 마주 앉아 한 손을 내 무릎에 얹은 채 그녀가 말했다. "어떤 마음일지 알아요. 나도 아들을 잃었는데 그 고통은 절대 사라지지 않죠." 그때 생각했다. 나는 절대 그런 길을 가지 않겠다고.

그래서 나는 용서의 길을 선택하기로 마음먹었다. 처음에는 범인이 탯줄 같은 어떤 끈으로 나와 연결되어 내 에너지를 모두 빨아들이는 것처럼 느껴졌다. 용서한다는 것은 거대한 가위로 그 끈을 잘라내고 다시 기력을 찾는 느낌이었다. 용서를 선택했지만 끝이 보이지 않는 과정이 반복되었다. 어느 날은 용서한 것 같다가도 어쩌다 교실에서 벌어진 일을 자세히 듣기라도 하면 다시 분노에 휩싸이게 되었다.

또한 범인 애덤 랜자의 어머니도 용서해야만 했다. 그녀는 의도하지 않았다고 해도 아들의 범행을 방관했고 아들을 혼자 두지 말라는 의사의 조언을 무시했다. 지역사회에서는 그녀에게도 비난을 퍼부었지만 나는 그녀를 이해할 수 있었다. 우리 둘 다 혼자 아이를 키우는 싱글 맘이었으니까. 애덤 랜자는 학교로 향하기 전 엄마를 먼저 쏴 죽음에 이르게 했다.

제시의 장례식에서 나는 증오가 아닌 사랑을 선택해야 한다고 모두에게 강조했다. "이 비극은 범인 머릿속의 작은 불씨에서 시작되었습니다. 그 불씨가 분노가 되고 결국 폭력으로 치달았습니다. 그러니 제시를 기억하는 뜻에서 의식적으로 분노를 사랑으로 바꾸려고 노력합시다. 조금 더 나은 세상을 위해서요." 만약 애덤 랜자가 자신이 소중하다는 것을 알았다면, 그에게 필요한 사회적이고 감성적인 교육을 제대로 받았다면 이런 일은 벌어지지 않았을지도 모른다. 그가 처음부터 총기 난사범으로 태어난 것은 아닐 테니까. 학교에 적응하지 못해 문제가 있었으나 샌디훅 초등학교는 그에게 도움의 손길을 주지 않았고, 그런 면에서 애덤 랜자의 사건은 모두에게 책임이 있다. 그가 아이들의 작은 몸에 가한 몹쓸 짓과 아이들이 느꼈을 두려움을 생각하면 분노를 참을 수 없지만, 범인이 겪어온 고통을 생각하면 연민이 느껴지기도 한다.

스칼릿의 사연이 여러분에게 영감을 주길 바란다. 모두 자신만의 가위를 찾아 공격성에 연결된 끈을 잘라버릴 수 있길 바란다. 참혹하게 아이를 잃은 어머니가 살인범을 용서했다면 여러분도 할 수 있다. 이 사연에서 힘을 얻어 용서하는 선택에 마음을 열고 그 여정을 시작해보자. 스칼릿이 애덤 랜자를 용서할 수 있었던 것은 그를 기꺼이 연민의 눈으로 바라보았기 때문이다. 그의 아픔을 있는 그대로 바라보고 상태가 심각했다는 사실을 알게 되었다. 기도를 통해 영적 존재와 다시 소통하게 되면 연민이 의식의 일부가 된다. 연민의 눈으로 바라보면 남을 해친 이들도 스스로 깊이 상처받았거나 소통하고 사랑하는 기본적인 능력이 부재했음을 이해할 수 있다.

우리는 모두 트라우마로 고통받는다. 누구나 비슷한 상처를 지니고 있다는 것을 받아들이면 다른 사람의 고통에 더 쉽게 공감할 수 있을 뿐 아니라 자기 자신을 깊은 연민의 눈으로 바라보는 데도 도움이 된다. 이는 용서에 이르는 핵심 과정이기도 하다. 더러는 자기 자신을 용서하기가 가장 어려울 때가 있다. 다른 사람에게는 아무렇지 않게 넘겼던 일인데 나 자신에게는 한없이 엄격한 잣대를 들이대기도 한다. 나는 다른 사람들을 용서하기 시작하면서 안도감을 느낄 수 있었다. 그러나 용서를 실천하고 기분이 나아지려 할 때마다 에고가 나를 공격하고, 타인에게 내렸던 판단들을 고스란히 나에게 되돌려 주었다. 나의 모든 행동을 판단하게 되자 내가 실천했던 용서가 오히려 나를 불편하게 했다.

이 같은 에고의 속임수를 주의해야 한다. 마음의 안정을 느끼는 순간 에고는 다른 사람 대신 나 자신을 공격할 이유를 들고 나타날 것이다. 그럴 때는 용서의 세 단계를 자신에게 적용하면 된다. 우리 안에 있는 영적 존재와 소통을 회복하는 것이 그릇된 생각을 치유하는 핵심이다. 그러니 이런 현상이 벌어지면 스스로 자신을 어떻게 판단하는지, 그때 느끼는 감정은 어떤 것인지 자세히 들여다보고 새로운 선택을 할 준비를 하자. 기꺼이 성장하고 자유로워지려는 마음 하나로 여러분은 여기까지 왔다. 그 의지를 믿고 더 이상 자신과 싸움을 벌이고 싶지 않다는 사실을 마음에 새기자.

지금까지 겪었던 시련을 보듬으며 자기 자신을 연민의 눈으로 바라보면 그 시련 덕분에 여기까지 왔으니 더욱 감사하게 될 것이다. 나는 영적인 여정 가운데 위안을 느끼는 순간이면 과거에 느꼈던 불만에 오히려 감사하게 된다는 사실을 깨달았다. 과거의 시련과 에고의 시험은 모두 사랑으로 돌아가는 여정의 일부였다. 자신을 용서하려면 과거를 놓아주고 열린 마음으로 미래를 맞이하며 현재를 최대한 누려야 한다. 지금 과거에 대한 미련과 후회를 털어버리면 기쁨을 선택할 수 있다.

나를 용서하는 것을 최우선 과제로 삼고, 용서의 세 단계를 자신에게 적용해보자. 노트를 펴고 아래 질문에 대답해보자.

지금껏 자신을 용서할 수 없었는가? 그럴 때 어떤 기분이 들었는가?	새로운 선택은 무엇인가? 왜 내려놓으려 하는가?	용서하게 해달라고 영적 존재에게 기도한다.

어쩌면 스스로에게 유독 엄격했던 일이 계속 떠오를지도 모른다. 그렇다면 나란히 적어서 기도하며 영적 힘에 내맡기자. 에고는 무슨 수를 써서라도 우리를 비난하고 공격하여 죄책감의 악순환에 가두려 하겠지만 그것에서 벗어나는 가장 확실한 길이 용서에 있다. 궁극적으로는 자신을 용서하는 것이 이 모든 여정에서 가장 핵심적인 과정이라는 사실을 알게 될 것이다.

영적인 차원에서 보면, '자기 용서'는 '나'를 육체적 존재에서 영적 존재로 인식하는 과정이다. 육체적 차원에서의 인식들을 내려놓고, 영적인 자신을 발견할 때, 우리는 기적을 경험하게 된다. 이것을 '영의 눈으로 바라보기'라고 표현할 수 있다. 영적인 눈은 육체의 시각으로 볼 수 없는 내면의 것들을 본다. 자신의 내면에 주파수를 맞추고, '나'는 인간의 경험을 지닌 '영적 존재'임을 기억하자. 아주 잠깐이라도 영의 시야로 바라볼 수 있다면 그것으로 충분하다. 그 기적의 순간은 사라지지 않고 남아 우리를 진실에 한 걸음 더 가까이 다가서게 한다.

용서에도 연습과 반복이 필요하다. 최대한 자주 용서의 마음으로 돌아가려고 노력해야 하며 앞에서 소개한 용서의 세 단계를 자기 삶의 일부로 받아들여야 한다. 그런 연습을 하면 용서하기가 더 쉬워지고 즐거워질 것이다. 에고의 속박에서 벗어나 에고의 속임수를 웃어넘기게 될 수도 있다. 에고를 관찰할 정도로 충분히 의식이 깨어난다면 용서를 연습할 새로운 기회가 생긴 것에 감사하기 바란다. 그런 다음에는 행복과 자유를 위해 용서에 의지하는 법을 배우게 될 것이다. 《기적수업》의 122번째 가르침을 마음에 새기자. "용서는 내가 원하는 모든 것을 가져다준다." 그 내용은 다음과 같다.

용서가 줄 수 없는 것이 과연 무엇일까? 평정심을 원하는가? 용서하면 평온해진다. 행복이나 잔잔한 마음, 뚜렷한 목적, 세상을 초월한 가치와 아름다움은 또 어떤가? 영원한 보살핌과 안전, 확실하게 보호받는다는 따뜻한 느낌을 원하는가? 방해할 수 없는 마음의 고요, 상처받지 않는 부드러움, 변함없이 깊은 안정감, 무엇에도 방해받지 않는 완벽한 휴식? 용서하면 이 모든 것을 누릴 수 있다. 그뿐 아니다. 잠에서 깨어나면 눈동자에 생기가 넘치며 기쁨으로 하루를 시작할 수 있다. 우리가 자는 동안에 용서는 이마를 어루만지고 눈꺼풀에 머무르면서 무섭거나 거칠고 나쁜 꿈을 꾸지 않게 해준다. 행복과 평화가 넘치는 새로운 날을 선사한다. 용서하면 이 모든 것, 그 이상도 누릴 수 있다.

용서의 약속을 외면할 이유가 있을까? 우리는 자유를 찾으러 여기까지 왔고, 용서는 그 마지막 단계다. 우리 모두 행복하고 자유로워지고 싶고, 내 안에 있는 사랑을 깨달을수록 사랑을 더욱 원하게 될 것이다. 나 역시 용서를 연습할수록 더욱 용서를 바라게 되었다. 이제 독선에 사로잡히는 순간 나 자신을 멈춰 세우고 마음속으로 내가 바라던 선택이 아니라는 것을 알 수 있다.

에고의 잘못된 선택으로 판단이 나타났다는 사실을 명확히 알면 재빨리 새로운 선택을 할 수 있다. 용서하는 습관이 생기면 육체적 존재와 영적 존재의 차이를 비로소 진정으로 이해할 것이다. 사랑의 즐거움을 느끼고자 할 것이며 에고가 꾸며낸 공포를 허락하지 않을 것이다. 기쁨을 선택하고 영이 우리를 인도하게 할 것이다.

용서에 의지하면 떠오르는 영감과 즐거움으로 삶이 더욱 풍성해지며 우주와 더 단단히 연결될 것이다. 세상과 대립하기보다 결속과 일체감을 느낄 것이며, 외부에서 무슨 일이 벌어지든 직관적으로 내면의 진실을 바라보게 될 것이다. 내면에 이런 변화가 나타나면 외부에서의 경험을 생각보다 훨씬 긍정적으로 받아들일 수 있다.

용서는 저항심을 끊임없이 버리는 것이다. 용서할 때마다 세상을 보는 시선을 재조정하여 원치 않는 일에 얽매이지 않을 수 있다. 저항이 없으면 진정한 사랑의 본성에 다시 이어져 우주와 공명할 수 있다. 확장과 소통, 내면의 힘이 손에 잡힐 듯 생생하게 느껴질 것이다. 이같이 조화로운 공간에서는 원하지 않는 것에 더 이상 시선을 빼앗기지 않으니 내가 바라는 것에 집중하고 그것을 끌어당기기 시작한다.

어떤 것을 생각하지 않으려면 다른 무언가에 집중하면 된다. 부정적인 생각과 분노에서 용서로 시선을 옮길 때 우리의 주파수가 바뀐다. 저항하지 않으면 자석처럼 원하는 것을 끌어당기고 삶의 곳곳에서 나를 지지하는 사랑의 기운을 느낄 수 있다. 그런 공간에서 우리는 자유와 자존감, 살아 있음을 느낄 수 있다! 용서하면 마음이 편안해지니 더욱 용서에 의지하게 될 것이다.

어쩌면 그동안 미워하고 판단했던 사람들에게 감사할지도 모른다. 그 사람들 덕에 용서하는 법을 배울 기회가 생겼으니까. 내가 되고 싶던 바로 그 모습으로 변화하게 해주어 고마움을 느끼게 될 것이다. 가장 빠르고도 확실하게 평화와 기쁨의 경지에 닿을 수 있는 '용서하기 수련'에 감사할 것이다.

에스더 힉스의 말을 다시 떠올려보자. "어떤 생각을 끊임없이 거듭하면 신념이 된다." 판단보다 용서를 더 자주 생각하면 용서가 나의 신념이 된다. 모든 연습이 그렇듯 하면 할수록 더 쉬워진다. 용서의 단계를 반복하면 힘이 생기는 것을 느끼게 될 것이다. 그때부터는 보이지 않는 에너지가 나를 이끌어 더 빠르게 위안을 느낄 수 있다.

마침내 용서는 습관이 된다. 날마다 용서할 수 있는 길을 찾으려고 힘쓰면 삶이 무척 즐거워진다. 육신의 고통을 겪어도 용서하는 법을 배울 흥미로운 기회로 생각할 수 있다. 날마다 용서하는 법을 연습할 새로운 기회가 찾아올 것이며, 더 자주 용서할수록 깊은 위안이 내 안에 깃들 것이다.

용서는 언제나 연습할 수 있다. 불편한 관계만 용서하려고 하지 말고, 사소한 일도 용서하자. 별일 아닐지라도 에고가 나타나는 순간마다 용서해보자. 그러면 용서가 좋은 습관으로 굳어진다. 이메일에 늦장 회신하는 동료를 용서하고, 고속도로에서 불쾌감을 주는 운전자를 용서하며, 내 페이스북 게시물에 악성 댓글을 다는 성난 사람도 용서하자. 전부 다!

용서의 에너지 앞에서 판단은 맥을 못 춘다. 판단 디톡스 수련의 각 단계에는 치유의 힘이 있지만 그 치유력을 완성하는 것이 바로 용서다. 용서하기로 마음먹으면 세상이 완전히 다르게 보인다. 우리를 성가시게 하는 사소한 일은 용서를 실천할 흥미로운 기회로 보일 것이다. 아무리 힘들고 불편한 상황에 처해도 우아하게 받아넘길 수 있다. 내 영혼에 용서라는 도구가 있으니 어떤 문제도 마주할 수 있다. 인생의 어려움에 절대 억눌리지 않고 즐겁고 감사한 마음으로 사랑을 회복하게 될 것이다. 사랑을 회복할 때마다 나의 진정한 모습을 기억하는 데 한 걸음씩 더 다가가게 될 것이다.

우리는 사랑을 기억하겠다는 한 가지 목적으로 여기까지 왔다. 지금껏 편협한 마음이 내린 선택들 때문에 에고의 저항이 강해져 우리는 어둠에 갇혀 있었으나 그 저항 때문에 용서를 연습할 기회를 얻었다. 용서를 통해 두려움이 아닌 사랑을 선택하는 매 순간은 기적이다.

기적을 경험할 때마다 우리는 더 위대한 차원의 깨달음을 얻고 사랑과 더 단단하게 연결된다. 연습과 반복을 통해 에고의 환상을 기적의 사고방식으로 바꾸면 두려움을 떨치고 사랑을 회복할 수 있으니 자신의 사랑 넘치는 모습을 받아들이고 용서의 기회를 기대하라!

용서는 내 삶에만 강력한 영향을 주는 것이 아니라 주변에도 퍼져 나가 용서할 때마다 온 세상의 에너지가 바뀐다. 《기적수업》에서는 "이 세상에는 하나 된 우리만이 존재한다."라고 가르친다. 용서에는 세상을 치유하는 힘이 있으니 그 힘을 의심하지 말자. 그리고 우리 모두가 그 힘을 지니자!

우리 하나하나는 기적을 행하는 사람임을 믿어야 한다. 우리가 행하는 기적들이, 용서가 세상에 빛을 비출 것임을 잊지 말자. 뉴스나 소셜 미디어, 주변 어디에서라도 세상의 어둠과 직면했다면, 판단이 아닌 사랑으로 어두운 부분에 빛을 비추자. 우리는 세상에 빛을 전달하는 존재들이다. 당신이 용서할 때마다 세상에 영향을 미칠 것이며, 이를 온 세상이 느낄 것이다.

이 책의 마지막 장은 지금까지의 수련 과정을 삶 곳곳에 적용하는 데 도움이 될 것이다. 이 수련법대로 따라 살면 자신이 보는 세상이 바뀌고, 그 무엇도 예전과 같을 수 없다. 판단 디톡스 수련법을 날마다 일상에 적용하면서 나는 완전히 달라졌다. 내 삶은 모든 면에서 훨씬 더 행복하고 빛나며 풍요로워졌다. 그러니 다시 예전으로 돌아가지 않도록 이 과정을 즐기며 깨우침과 힘을 얻자! 사랑으로 자유로워질 수 있으므로 더 이상 판단은 우리에게 굴레가 아니다.

《기적수업》은 "진정으로 바라면 사랑은 지체 없이 마음속에 들어온다."라고 이야기한다. 지금껏 우리는 판단 디톡스 수련의 각 단계를 거치면서 자유를 우리 존재의 자연스러운 상태로 받아들이게 되었다. 행복과 기쁨, 자유를 바라는 마음은 이 여정을 끝까지 해나가기 위한 핵심 동력이다. 행복과 자유를 향한 열망이 각 단계의 수련 과정과 상호작용하며 당신이 중도에 하차하지 않도록 붙잡아줄 것이다. 마음속에서 스스로를 판단하고 의심하려는 기미가 보일 때 자신에게 묻자. "나, 자유로워지고 싶은 것 맞지?" 이렇게 물으면 번뜩 정신을 차리고 다시 수련에 임하게 될 것이다.

마지막 장으로 넘어가기 전에 잠깐 멈추고 우리가 얼마나 멀리 왔는지 자축하는 시간을 가져보는 것은 어떨까. 지금 이 문장을 읽고 있다면 여러분이 해냈다는 뜻이다! 이제 여정을 마무리하는 의미에서 영원한 자유를 누리도록 꾸준히 수련하는 방법을 알려주려고 한다.

여러분이 이 책에서 배운 것을 평생 지속하는 수련으로 삼았으면 좋겠다. 이 책을 통해 얻은 깨달음을 가족과 친구, 이웃에게 전하고 매일 자신의 의식에 담기를 바라는 마음으로 기도한다. 그래서 한 장을 더 할애해 이 책에 소개한 수련법을 일상생활에 적용하는 방법에 대해 함께 나누고자 한다.

지금이야말로 판단 디톡스 수련을 한번 경험하고 끝낼지, 삶의 한 방식으로 삼을지 결정해야 할 때다. 여러분은 절대 어정쩡한 길을 택하지 않을 것이라고 내 직관은 말하고 있다. 지금까지 경험한 자유의 순간들은 여러분이 계속 달릴 원동력이 될 것이다.

행복해지려는 열망은 에고의 저항보다 강력하며, 이런 삶의 방식에는 엄청난 기쁨이 기다리고 있다. 다음에 소개할 방법을 따라 지금까지 배운 각 단계를 여러분의 삶에 기꺼이 맞이하기 바란다. 지금이 여러분 인생의 전환점이다. 담대하게 기적을 기대하자!

자유로운 삶을 위한 작은 습관들

작가이자 영성 지도자로서 나는 사람들에게 들려주는 가르침에 책임
감을 느끼고 늘 말과 행동이 한결같기 위해 노력한다. 언제나 노력하
는 자세로 살아야 하니 어렵기도 하지만 깊이 보상받는 느낌도 든다.
가르침은 배움의 다른 말이다. 자기중심적인 생각을 완전히 내려놓고
날마다 판단 디톡스 수련을 하나씩 실천해야 하므로 이 책을 쓰는 과
정도 나에게는 영적으로 배우는 좋은 기회가 되고 있다.

이 책을 쓰는 동안 내 마음은 더욱 가벼워지고 밝아졌다. 판단에서
사랑으로 시선을 옮기니 놀라우리만치 홀가분하다. 다른 사람을 진심
으로 자유롭게 놓아주자 내 마음속에도 자유의 물결이 일었다. 판단
디톡스 수련을 열심히 실천할수록 더욱 편안해지고, 자유를 열망하게
되었으며 더욱 자유로워질 수 있다면 기꺼이 무엇이든 하게 되었다.

남편도 판단 디톡스 수련을 나와 함께하고 있다. 남편은 내가 이 책

에 담은 내용을 꼼꼼히 읽으며 고칠 부분을 함께 이야기하고, 지혜로운 조언도 아끼지 않았다. 무엇보다도 그는 내 수련 방식을 비추는 거울과 같았다. 판단 디톡스를 실천하는 데 결혼 생활이 좋은 기회가 되었을 뿐 아니라 내가 다시 왜곡된 생각이나 판단에 빠져들 때 남편이 나를 끌어내 주었다. 마주 앉아 함께 저녁 식사를 하면서 짜증 나는 사람에 대해 푸념을 늘어놓으면 남편은 "판단 디톡스!"라고 외쳤다. 그러면 나는 웃으면서 사용하는 단어나 말투를 바꿀 수 있었다. 남편이 함께 치유의 여정에 집중한 덕분에 나도 전념할 수 있었다.

판단 디톡스 수련은 내 삶을 완전히 바꿔놓은 약속이었다. 처음 이 책을 쓸 때는 너무 두려웠다. 내 안의 판단 습관 때문에 나 자신을 비난했기 때문이다. 그러나 수련을 시작하는 순간 나를 변화시키는 치유의 기적이 펼쳐졌다. 남을 판단하기 좋아하는 친구들과 함께 있으면서도 험담에 끼어들지 않고 침묵할 수 있었다. 소셜 미디어에서 냉소적인 농담을 주고받기보다 그저 상대방을 용서하고 나쁜 내용은 머릿속에서 지워버리게 되었다. 그뿐 아니라 나 자신을 용서하고 빠르게 자기 비난에서 벗어나는 방법도 배웠다.

수련하는 동안 수많은 기적이 찾아왔다. 내 독선 때문에 잃었다고 생각했던 친구와 다시 가까워졌고, 몇 달 동안 탐탁지 않게 생각했던 직원을 용서했다. 1년 가까이 반복적으로 떠오르던 마음의 상처가 놀라우리만큼 잦아들었다. 몸에도 많은 변화가 일어났는데 우선 잠을 푹 자게 됐다. 기운이 넘치고 면역력도 강화되어 독감이 유행하던 겨울에도 건강하게 지냈으며 식습관마저 바뀌었다! 그동안 너무 빨리 먹는 습관 때문에 고민이었는데 나쁜 생각을 내려놓는 연습을 하다 보니 식사를 하면서 노심초사하지 않게 되었고, 맛을 음미하고 풍미를 즐기며 식사다운 식사를 할 수 있게 되었다.

가장 신나는 기적은 그 어느 때보다도 행복하다는 것이다. 이 수련에 의지하면서부터 마음이 가벼워지고 늘 아이같이 즐거우며 자유로워졌다. 무엇보다도 나 자신이 대견했다. 세간의 평가나 비판에 침묵하며 과열된 정치 싸움에도 평정심을 잃지 않았고, 자신을 빠르게 용서하고 편안하게 내 갈 길을 갈 수 있는 힘이 생겼다.

수련 과정을 거치면서 내 생각과 말, 신념, 체력까지 스스로 다스릴 수 있게 되었고, 부정적인 기운으로 세상을 오염시키기보다 긍정적인 기운이 되기로 했다. 세상에 넘치는 공포와 혼란 속에서 무력하게 느껴질 때 나의 진정한 힘이 어디에 있는지 생각한다. 사랑이 넘치는 생각과 에너지로 돌아가 내가 세상과 나눌 수 있는 가장 큰 힘은 사랑임을 받아들인다.

여기쯤 왔으면 여러분도 자신만의 기적을 여러 번 경험했으리라 믿는다. 미워하던 가족을 용서하게 되었거나 상사를 바라보는 관점이 바뀌었을지도 모른다. 여러분은 개인적인 성장과 영적인 발전의 여정을 따라 여기까지 왔다. 이 수련 과정이 여러분의 일상이 되었으면 좋겠다. 억지로 노력하지 않아도 자신의 생각을 바라보게 되고, 그릇된 판단이 목을 조여 오면 태평을 하면서 안정을 찾게 되기를 기도한다. 외롭고 혼자라고 느껴질 때 처음처럼 바라보는 연습을 하기를, 기도와 명상이 일상적인 영성 생활의 일부가 되고 모든 관계에서 용서를 목표로 삼기를 바란다. 이 단계들을 삶의 방식으로 삼을 때 여러분은 '기적의 삶'을 살게 될 것이다.

느긋함

여섯 단계를 모두 마쳤다면 조금 자유로워져도 좋다. 마음속에서 나쁜 것이 빠져나갔으니 이제 그 흐름을 유지하는 것이 중요하다. 느긋한 마음으로 완벽한 결과보다 과정에 집중하자. 다시 판단에 빠져드는 것 같다면 다시 선택하면 된다. 몇 번이고 계속 그럴 것이다. 그럴 때마다 에고의 비뚤어진 생각에 한번 웃어주고 용서한 다음 다시 사랑을 회복하는 길을 선택하면 된다.

책에 소개한 방식을 억지로 따르느라 스트레스를 받을 필요는 없다. 이 수련법들은 언제든 어느 때든 실천할 수 있다. 한두 가지는 유독 쉽게 느껴지는 반면 나머지는 어려울 수도 있다. 괜찮다! 아무 문제 없다! 할 수 있는 만큼 하고 자신의 성장 과정을 속단하지 말자. 어떤 방법이든 생각을 치유하는 힘이 있다.

여섯 단계를 최소한 한 번 끝마친 뒤에 자기만의 규칙을 만들어보자. 한 달 내내 기도에만 집중하다가 최적의 명상 장소를 찾게 될 수도 있고, 몇 주 동안 태평을 하다가 문득 수용하는 연습을 할 준비가 되었다고 느낄 수도 있다. 마음 내키는 대로 하면 된다. 판단 디톡스 과정을 다 경험했다면 그 원칙을 적용하는 데 옳고 그름이란 없다. 다만 계속 유지할 수 있도록 적어도 하루에 하나의 방법을 활용하기 바란다.

내 영적 수련의 토대는 엄격함이 아닌 자유다. 나는 마음의 저항을 사라지게 하는 데 판단 디톡스 수련법을 활용했다. 그렇게 한 과정을 마무리하면 마음이 편안해진다. 에고의 저항만 없다면 자유롭고 느긋하게 자신의 속도에 맞춰 앞으로 나아갈 수 있다. 영적 수련을 엄격하게 고수하는 사람들이 많은데, 그것도 일종의 편협한 판단이다. 여섯 단계를 모두 거쳤으니 계획표는 잊고 느긋하게 긴장을 푼 채 하루에 한 단계씩 적용하며 사랑의 흐름을 놓지 말자.

빨리 회복하기

한결같이 판단에 사로잡히지 않아야 한다고 생각할 것도 없다. 다시 독선에 빠질 수 있음을 인정하고 매 순간 빠르게 사랑을 회복하는 것을 목표로 삼으면 된다. 수련법을 얼마나 완벽하게 실천할지에 대한 걱정은 접어두고 마음속에 판단이 생기는 순간 빨리 알아채고 다시 마음을 바로잡는 데 집중하자.《기적수업》에는 "우리는 마음의 방황을 방치한다."라는 표현이 있다. 이제 내 마음속에 어떤 생각이 있는지 잘 알았으니 그것을 내버려 두지 못할 것이다.

내가 영적 수련을 할 때 가장 집중하는 부분은 회복 속도다. 에고가 언제든 숨어들어올 줄 알고 있으니 독선적인 마음이 생겨도 놀랍지 않다. 게다가 인생은 매일같이 나에게 변화구를 던질 것이다. 에고를 받아들이면 에고 너머에 있는 것을 볼 수 있다. 언제나 한 점 부끄러움 없이 순수하게 살 수는 없다. 그래서 가능한 한 빨리 사랑을 회복하는 것이 나의 목표다. 다시 독선에 빠지는 자신을 발견하면 재빨리 판단 디톡스 수련법을 이용하여 마음을 바꾼다. 페이스북에서 본 누군가를 선불리 판단하게 되면 나는 그 생각을 판단하지 않고 있는 그대로 바라보도록 기도한다. 그래도 계속 같은 생각이 들면 태핑을 하며 판단 이면에 숨은 수치심과 상처의 근원까지 어루만진다. 나 자신을 미워하게 될 때면 그 생각을 용서하고 사랑을 회복하기도 한다. 나는 온종일 이 수련법을 마음껏 활용하고 그때그때 나타나는 기적을 자축한다! 완벽한 수련을 할 필요는 없다. 그저 빨리 회복하는 데 집중하자.

꾸준한 실천

어떤 해독 요법이든 경험해본 사람이라면 입을 모아 이야기하는 문제점이 하나 있다. 한 번 마치고 나면 기분이 좋아지고 깨끗이 나은 느낌이 들고, 그러면 어느새 수련을 중단하게 되고 다시 옛날 습관에 빠진다는 것이다. 영적 여정에 오른 지난 몇 년 동안 사는 게 편안해질수록 훨씬 더 수련에 집중해야 한다는 사실을 깨달았다. 막힌 것이 술술 풀리기 시작하면 에고는 그 틈을 비집고 들어와 영적인 성장 따위는 필요 없다고 속삭인다. 에고는 영적 수련을 부정하고 단절과 공격으로 점철된 낡은 습관에 다시 빠져들게 부추긴다. 《기적수업》은 "수련하지 않은 마음으로는 아무것도 이룰 수 없다."라고 했다. 판단 디톡스의 여섯 단계를 토대로 여러분은 새로운 삶의 방식을 찾았다. 그러나 새로운 방식을 매일 반복하지 않고서는 건강한 습관이 유지될 수 없다. 그러므로 낡은 패턴을 바꿀 수 있는 방법 하나라도 매일 반복하여 수련을 지속하자. 여느 위대한 변화가 그렇듯 정진할수록 더 좋은 결과가 나타난다.

영혼의 친구

판단 디톡스 수련을 지속할 수 있는 가장 좋은 방법은 영혼의 친구와 함께하는 것이다. 요가 수업이나 소셜 미디어에서 알게 된 사람이나 오래된 친구, 배우자도 좋다. 둘이 함께 영혼의 여정을 떠나 도움을 주고받을 수 있는 사이라면 누구라도 완벽하다. 사랑의 이름으로 한 명 이상이 모이면 기적이 일어난다. 사랑의 집단의식이 수련의 힘을 더욱 고취시킨다.

　동네에 판단 디톡스 독서 클럽을 만들거나 온라인 모임을 시작할 수도 있다. 주변에 영적 여정을 시작하여 마음에 쌓인 독을 치유하고 싶은 친구나 가족이 있다면 함께하자고 초대해보자. 배우자나 연인과 판단 디톡스 수련을 하면 관계가 달라진다. 나는 남편과 함께하면서 꾸준히 노력하고 책임감을 느끼게 되었다. 이제 우리는 서로의 상처와 수치심까지 보듬을 수 있게 되었다. 명상과 기도, 용서를 통해 처음으로 서로를 제대로 바라보게 되었는데, 이것이야말로 우리가 경험한 가장 큰 치유였다.

영적 관계의 핵심은 상대의 수치심을 이해하고 안타깝게 여기는 데 있다. 상대의 방어기제가 수치심에서 비롯되었음을 알면 그를 용서할 수 있게 된다. 나의 독선 때문에 상대가 수치심을 느낀다는 사실을 깨달으면 내 행동을 바꾸어 치유하려는 마음을 먹게 된다. 연인 관계에서 판단 디톡스 수련을 하면 상대방을 바라보는 방식이 완전히 달라질 것이다. 연인끼리는 유독 에고의 목소리가 거세지는 편이지만 수련법대로 하면 특별함에 대한 에고의 환상에서 벗어나 일체감을 느끼고 상대를 받아들이며 연민으로 바라보는 데 큰 도움이 될 것이다. 이 수련을 통해 연인과 상상 이상으로 가까워질 수 있다.

다른 사람의 영적 여정 존중하기

수년간 영적 지도자로 일하면서 자기만의 신념에 눈을 뜬 사람을 셀 수 없이 많이 보았다. 물론 굉장한 일이긴 하지만 공통적인 문제가 있었는데, 자기 수련 방식을 남과 비교하거나 자신과 다른 길을 가는 사람을 무시하는 경향이다. 자신의 영적 수련이 남을 판단하는 근거가 되어서는 안 된다. 누구라도 자신의 모습을 지킬 수 있어야 하고 각자의 방식을 인정해야 한다.

특히 이런 문제는 연인 관계에서 자주 일어나는데 상대가 나와 영적 신념이 다르다고 불평하는 것이다. 이것은 또 다른 형태의 독선이다. 나도 오래전, 200시간 동안의 쿤달리니 요가와 명상 지도자 훈련에 매진하고 있던 때에 비슷한 경험을 한 적이 있었다. 몇 시간 동안 요가를 한 뒤 하얀 옷을 입고 터번을 두른 채 우쭐한 기분으로 집에 돌아오면 내 경험을 어떻게든 남편과 공유하고 싶었다. 그런데 남편은 뭐든 지나치게 몰입하는 내 성격이 부담스러웠는지 60분 동안 명상한 이야기나 생생한 영적 깨달음의 순간 따위에 별 관심이 없었다.

요가 이야기에 무관심한 남편에게 나는 적잖이 실망했다. 이 사연을 요가 스승 구르묵Gurmukh에게 털어놓자 그녀는 내 손을 잡고 말했다. "집에 발을 들이는 순간 터번은 내던지고 입 다물어요!" 내 수련을 남편이 함께할 의무는 없으며, 내버려 두면 그가 이해하는 방식으로 영적 신념이 생길 것이라고 내게 조언해 주었다. 구르묵이 옳았다. 남편의 속도를 인정하자 그는 자신만의 방식으로 영적 관계에 접어들었고, 우리는 많은 신념과 수련을 공유하게 되었다.

이것은 여러분의 의무이기도 하다. 자신만의 수련을 하되 빛이 될 것! 모두 각자의 영적 여정과 시간표가 있음을 인정하자. 사랑하는 사람이 나의 신념에 공감하지 못한다 해도 상관없다. 자신의 신념을 꾸준히 붙잡고 나아가면 나머지는 우주가 다 알아서 한다. 내가 건강하고 순수해질수록 만나는 사람들의 영혼에 자극이 된다는 사실을 믿자. 내 기운이 바뀌면 가족, 친구, 그 누구라도 영향을 받을 것이므로 자신의 방식에 전념하되 어떤 상황에서도 빛을 전하자.

빛을 전파한다고 해서 강요하라는 뜻은 아니다. 판단 디톡스 수련은 다른 사람들과 함께할 때 더욱 강력한 효과가 있지만 관심 없는 사람들에게까지 강요해서는 안 된다. 누구나 자신의 방어기제와 판단을 내려놓을 준비가 된 것은 아니다. 오히려 대부분 저항할 것이다. 가까운 친구나 가족이 아직 영적 여정에 나서지 못했다고 해도 때가 되면 영혼의 친구를 찾을 수 있으니 걱정하지 말고 기다리길 바란다.

현실에 집중하기

판단을 내려놓을수록 정신적으로 차분해지고 여유가 생길 것이다. 그때 에고가 가만있지 않을 테니 조심해야 한다. 정신이 또렷해지고 긍정적인 감정이 생기면 에고는 혼란스러워한다. 에고의 저항 때문에 스쳐 지나는 자극적인 소식에 귀를 기울이거나 남을 험담하는 문자를 친구에게 보낼지도 모른다. 에고의 저항에서 벗어나는 방법은 순간에 집중하는 것이다. 순간에 몰입하면 과거나 미래를 판단할 이유가 없다. 관계를 맺을 때도 현실에 집중하자. 차분하게 상대방의 이야기를 듣고 사람들에게 관심을 기울이고 그들과 함께 있음을 즐기자. 호기심을 잃지 말고 다른 사람에게서 좋은 점을 배우자. 사람들과 함께하면 내가 그들에게 덧씌운 허상이 벗겨진다. 내가 함부로 판단했던 사람과 함께 시간을 보낼 기회가 생긴다면 그 사람의 단점에서 눈을 돌려 호기심 어린 눈으로 그를 바라보기 바란다.

상대가 어떤 사람인지 내 멋대로 상상하는 대신 질문을 하자. 그들이 어떤 삶을 사는지, 무엇에 관심이 있는지, 어떤 사연이 있는지. 다른 사람에게 호기심을 품으면 그 사람과 내가 닮았고 인간적으로 연결되어 있음을 빠르게 깨달을 수 있다. 그들이 빛나거나 어두운 이유를 알 수 있다면 그들을 나만큼이나 사랑을 열망하는 순수한 어린아이로 바라볼 수 있다.

나는 최근 현실에 집중하는 수련을 하면서 다른 사람에 대한 생각이 기적처럼 치유되는 경험을 했다. 어느 행사에서 불편한 관계의 여성과 마주쳤다. 처음에는 에고가 뒤돌아서 가라고 속삭였다. 그러나 내면의 스승은 사랑을 표현하도록 이끌어주었다. 할 말만 하고 서둘러 자리를 뜬 뒤 멋대로 그녀를 판단하기보다 조금 더 이야기를 나누어보기로 했다. 어떻게 지내는지, 건강은 어떤지, 하는 일들은 어떤지 물었다. 그렇게 몇 분이 흐르자 그녀가 경계심을 거두는 것이 느껴졌다. 내가 그녀에게 덧씌운 허상이 사라졌고 내 편견이 사라졌음을 그녀도 바로 느꼈다. 나쁜 기운이 사라지자 우리 둘은 마음 깊이 연결될 수 있었다. 우리는 생각보다 훨씬 공통점이 많았다. 등산이나 패션, 요리 등 함께 좋아하는 것들에 관해 이야기하기 시작했다. 그녀는 내게 필요한 훌륭한 요리법을 알려주었다. 그녀와 함께하기로 선택한 순간 판단이 사라지고 진정한 소통이 찾아왔다. 기적이었다.

여러분에게도 그다지 좋아하지 않았던 동료나 데면데면 지내는 친구가 있을 것이다. 혹시 다음에 기회가 오면 그들과 함께하는 연습을 해보기 바란다. 그들에게 질문을 하고 귀 기울여 이야기를 들어주자. 방어막을 거두면 상대방도 경계를 풀 것이다. 한순간에 단절에서 벗어나 소통하는 기분이 얼마나 좋은지 경험해보면 놀랄 것이다.

상대방과 전혀 공통점이 없을 수도 있지만 그들에게 질문하면서 새로운 사실을 알게 될 수도 있다. 공통점이 적을수록 상대와 나의 만남은 더욱 흥미로울 것이다. 판단을 내려놓고 그들이 자신의 진짜 모습을 드러내게 하자. 내가 판단에서 벗어나는 순간 상대방도 긴장을 풀고 마음을 열어도 괜찮다고 느낄 것이다. 부디 그런 즐거움을 느끼는 수련이 되길!

창의적인 일에 몰두하기

현실에 집중하고 판단을 내려놓는 또 다른 방법은 창의적인 태도를 지니는 것이다. 베스트셀러 작가인 루이스 호이스Lewis Howes와 팟캐스트 인터뷰를 하는 동안 판단이라는 주제로 대화하게 되었다. 루이스는 언제나 영감을 주는 콘텐츠를 세상에 내놓는 아주 재기 발랄한 친구다. 그는 책을 쓰거나 팟캐스트 인터뷰를 하는 등 창의력을 발휘하는 순간이면 언제나 판단이 사라진다고 했다. 영감을 불러일으키는 것에 집중하고 창조하는 것에 관심을 기울이면 왜곡된 생각이 끼어들 여유가 없다는 것이다.

정확한 지적이다. 판단은 지루함에서 시작되는 경우가 많다. 영감에서 멀어지면 그 빈자리를 채울 다른 생각을 찾게 되는데 에고는 그때를 놓치지 않고 끼어든다. 그러다 결국 우리는 다시 판단에 빠지게 된다. 웨인 다이어 박사가 항상 말하듯이 '영감을 얻는다는 것은 영혼 안에 존재하는 것'이다. 영혼과 하나 되면 내면이 사랑으로 채워져 다른 생각이 들어올 자리가 없다. 그러니 또다시 판단의 악순환에 빠지면 창의적인 일에 몰두해 영혼의 인도에 따르자. 한 시간 정도 창의적인 일을 하면 마음이 밝아지고 기운이 샘솟는 경험을 할 것이다. 그런 좋은 기운을 망치고 싶지 않아 다시 불필요한 생각을 할 일도 없을 것이다.

변화를 기뻐하기

판단 디톡스 여정을 함께하는 동안 자신에게 일어난 기적을 노트에 잘 적어두라고 조언했었다. 이제 여섯 단계를 모두 마쳤으니 자신이 경험한 기적을 제대로 자축할 시간이 왔다! 《기적수업》에 다음과 같은 가르침이 있다.

기적에 난이도란 없다.
특별히 더 어렵게 얻거나 더 대단한 기적은 없다.
기적은 모두 같다.
사랑의 기적에는 모두 최상의 가치가 있다.

기적의 순간 하나하나는 내 에너지장에 새겨져 사랑의 생각을 하도록 이끈다. 기적이 쌓일수록 삶은 놀랍게 바뀐다. 지금까지 경험한 기적의 순간을 되새기면서 자신이 창조한 파급력을 느껴보자. 여러분은 기적의 창조자다! 지금 이 여정을 통해 얼마나 멀리 왔는지, 얼마나 마음이 편안해졌는지 확인하고 나면 다시 예전으로 돌아갈 수 없다. 스스로 얼마나 달라졌는지 주의를 기울이면 항상 마음이 즐거운 일을 하려고 노력할 것이다. 새로 경험한 기적을 빠짐없이 노트에 적으면서 주기적으로 점검해보자. 그러면 영적 인도와 사랑의 힘에 대한 믿음을 잃지 않을 것이다.

웃어넘기기

기적을 되새긴 후에는 첫 번째 단계에서 적었던 판단을 다시 살펴보자. 어떤 기분이 드는가? 조금 다르게 느껴지는가? 이제는 별 감정이 느껴지지 않는가? 코웃음이 나오지는 않는가?《기적수업》에서는 '에고가 부추기는 사소한 생각을 웃어넘기라'고 가르친다. 웃어넘길 때 판단은 힘을 잃는다. 지금껏 열심히 수련한 덕분에 예전에 느꼈던 감정을 보고 그냥 웃게 될 가능성이 높다.

웃어넘기면 에고의 힘이 약해져 그런 오해들이 얼마나 말도 안 되는 생각이었는지 바로 깨달을 수 있다. 지금까지 마음을 가다듬는 수련을 했으니 이제 완전히 새로운 시각으로 판단을 바라볼 준비가 됐을 것이다. 에고는 다시 나타나겠지만 말도 안 되는 생각이라며 그냥 웃어넘기자. 이제 우리 마음속 도구 상자에는 여러 도구가 생겼다. 에고가 나타난 순간 도구 하나를 쥐고 새로운 선택을 하면 된다.

마음 정화

판단 디톡스 수련을 하다 보면 남을 험담하거나 부정적인 이야기를 할 때 마음이 점점 불편해진다. 현실적으로 우리는 여전히 실수할 것이고 에고에 휘둘려 가끔씩 화를 내는 자신을 정당화하려 들 것이다. 언제든 그럴 수 있다고 수용하는 것도 중요하지만 그때 어떻게 제자리로 돌아올지 염두에 두고 있어야 한다. 해묵은 습관에 다시 빠질 수는 있지만 그것을 스스로 알아채려고 노력해야 한다. 스스로 미끄러질 때마다 알아차리고 언제든 수습할 수 있을 때 빨리 해결하자!

　사례를 하나 소개하자면, 최근에 계약한 협력업체의 일 처리가 마음에 들지 않아 전화로 불만을 토로한 적이 있었다. 작업 결과를 보고 얼마나 실망하고 속상했는지 사장에게 화를 냈다. 전화를 끊고 얼마간은 잘했다고 생각했지만 곧 부끄러움이 밀려왔다. 같은 말이라도 판단을 내려놓고 공감하는 마음으로 표현했다면 어땠을까? 사소한 것까지 일일이 지적하기보다 그냥 결과가 만족스럽지 않다고 할 수도 있었을 것이다. 게다가 상황을 필요 이상으로 부정적으로 몰아간 것 같았다. 불편한 마음과 부끄러움을 오래 끌고 가고 싶지 않아 수화기를 들고 편협한 내 마음부터 수습했다. 몇 가지 문제는 나에게도 책임이 있다고 인정했다. 그런다고 상대가 다르게 느낄지는 모르겠지만 나에게는 차이가 있었다. 내 행동을 스스로 책임지고 잘못을 수습한 다는 느낌을 받았기 때문이다.

내 위주로 판단해버린 불편한 상황에 처한다면 기억해야 할 것이 있다. 수습하는 데 결코 늦은 때란 없다. 언제든지 자신의 과오를 책임 지고 잘못을 바로잡을 수 있다. 그럴 때 상대의 반응은 저마다 다르겠 지만 상관없다. 그건 내가 어쩔 수 없는 부분이기도 하지만 중요한 것 은 상대를 수용하고 배려하는 나의 에너지이며, 자신의 책임을 인정 하는 것은 독선의 기운을 정화하는 깊은 영적 행위이다. 나의 부정적 인 기운과 의도를 정화하면 내가 처한 상황의 에너지도 치유된다.

전화를 걸거나 직접 만나서 수습하기가 불편하고 어려운가? 괜찮 다. 영적인 방법으로도 잘못을 수습할 수 있다. 상대방과 만나서 해결 해야 할지 영적으로 해결해야 할지 우리는 직감적으로 알 수 있다. 영 적으로 사태를 수습하겠다고 결정했다면 기도와 명상을 하면 된다. 관계가 치유되고 상대방에게 사랑을 전하게 해달라고 기도하자. 누군 가에게 사랑을 보내면 그와 나 사이에 있는 어두운 기운의 끈을 끊을 수 있다. 그 사람과의 문제를 놓고 명상하면서 일체감과 사랑의 기운 을 회복할 수 있다. 자신의 잘못에 책임을 지고 수습하려는 행위를 절 대로 얕보아서는 안 된다. 독선적인 생각이 들 때 스스로에게 한번 물 어보자. "혼자 잘난 사람이 되고 싶은가, 더불어 행복한 사람이 되고 싶은가?" 답은 언제나 명확하다.

나를 사랑하기

독선을 바로잡고 사랑을 회복하면 지금껏 우리를 어둠 속에 가둔 에고는 혼란스러워한다. 에고 때문에 우리는 현실을 바라볼 때 그 어둠에 의존했었다. 그러나 판단 디톡스 수련을 하면서 여러분은 이제 사랑을 바탕으로 새로운 현실을 창조했다. 그럼에도 불구하고 에고는 여전히 수치심을 떨쳐내지 못한 마음 한구석을 자극할지도 모른다. 수치심을 마주하며 방패를 내려놓고 전혀 새로운 방식에 마음을 열려고 하면 에고는 발작을 일으킬지도 모른다. 그래도 좋다. 에고의 저항을 그냥 알고만 있자.

나는 수치심과 판단을 마주하려 할수록 불편해진다는 것을 알았고, 다른 사람은커녕 가장 친한 사람에게조차 방패를 내려놓고 내 모습을 드러내기가 얼마나 두려운지 깨달았다. 판단은 친밀함을 가로막는 장벽이다. 판단의 벽을 무너뜨리면 나의 수치심까지 드러낼 용기와 다시 만나게 된다. 에고에게는 두려운 일이지만 영적으로는 가슴 벅찬 일이다.

사랑을 거부하는 에고의 저항에 주의하자. 그 패턴을 잘 알아두면 말도 안 되는 에고의 속삭임을 웃어넘기고 사랑 안에서 자신을 있는 그대로 드러내는 것이 쉬워진다. 자신의 수치심을 존중하고, 약점을 받아들이자. 나의 참모습은 있는 그대로 기품이 넘친다. 스스로에게 사랑을 허락하자.

행복 선택하기

판단 디톡스 수련을 꾸준히 실천할 수 있는 효과적인 방법은 마음이 편안해지도록 노력하는 것이다. 이 수련을 접하기 전에는 부정적인 이야기나 감정에 빠져 짧게는 하루에서 길게는 몇 주, 그 이상까지도 헤어나오지 못할 때가 많았는데 수련을 마치고 나니 불필요한 감정을 더 이상 내버려 두지 않게 되었다. 나는 그저 행복하고 자유로우며 소통하고 싶었던 것이다.《기적수업》에서는 다음과 같이 말한다.

> 판단을 선택하면 평정심을 잃는다. 우리 자신뿐 아니라 모든 사람을 판단 없이 마주하면 긴장이 풀어지면서 전혀 상상하지 못했던 깊은 평온함을 경험하게 될 것이다.

나도 이 진실을 경험했다. 그리고 마음이 평안해지자 다시 예전으로 돌아가고 싶지 않았다. 판단 디톡스 수련을 하면서 큰 위안을 경험했고 편안한 마음 상태에 익숙해지니 불편함을 견디기 힘들어졌다. 다시는 슬픔과 불만에 빠지거나 비뚤어진 생각을 합리화하고 싶지 않았다. 내게 필요한 것은 마음의 평안이다! 편안한 마음에서 나오는 생각이나 감정이 어떻게 내 삶 곳곳을 풍요롭게 하는지 분명히 깨달았다. 마음의 평화, 그것이 나의 최우선 순위가 되었다.

마음을 편히 먹는다고 해서 부정적인 생각이나 감정을 무조건 피한다는 뜻은 아니다. 오히려 그 반대다. 에고에 이끌려 예전으로 돌아가려고 할 때마다 판단 디톡스 수련으로 빠르게 평정심을 회복했다. 기쁨과 행복을 추구한다는 것은 두려움에서 도망치는 것이 아니라 두려움을 존중하고 영적 수련을 통해 시시각각 사랑을 좇아 마음을 가다듬는다는 뜻이다. 살아가면서 경험하는 성공과 운의 흐름은 사랑과 직접 관련이 있다. 더 많이 기뻐하고 긍정의 에너지를 지닐수록 삶이 우리를 지지한다니, 이렇게 쉬운 일이 어디 있겠는가.

나는 나 자신과 가족, 독자들에게 마음의 평화가 내 삶의 1순위라고 선언한다. 이 책에서 제안한 여섯 단계의 수련 덕분에 나는 언제든 사랑을 회복할 수 있다. 여러분도 얼마든지 가능하다. 눈앞에 어려움이 닥칠 때마다 행복을 선택하고 기쁨에 의지하자. 판단 디톡스 수련을 활용하여 마음의 불편함을 해소하고 사랑을 회복하자.

기적 꿈꾸기

이 수련을 생활에서 실천할 수 있다면 많은 기적을 경험할 것이다. 언제든 영적 여정에 오르면 두려움에 대한 저항심을 벗어던지고 사랑과 다시 연결될 것이다. 저항하는 마음이 없으면 우리 마음은 원하는 것을 끌어당기는 자석과 같아진다. 당신의 주파수가 사랑에 맞춰져 있을 때, 당신의 에너지는 우주를 진동시킨다. 그러면 당신이 행복을 느끼고 있으며 더 행복해지길 바란다는 명료한 메시지가 우주 전체로 퍼져 나가게 된다. 결국, 우주 전체가 당신을 지지하고 움직일 것이다.

바라는 것을 상상하면 눈앞에 나타날 것이다. 도저히 이해할 수 없던 문제들을 더 이상 겪지 않을 것이다. 장애물도 한순간에 사라질 것이다. 나를 둘러싼 모든 것, 모든 이와 연결되어 있음을 느낄 것이다. 사랑과 연결된 상태에서는 단절감을 느끼지 않고, 지지 받으며, 자신이 열망하는 것에 가까워질 수 있다. 삶이 즐거워지고 일이 술술 풀린다. 사랑은 우리 본성에 내재한 유산이며, 우주는 이 에너지에 아무런 대가 없이 응답한다.

사랑의 파장은 무척 강력해서 우리의 세계관과 인생의 경험을 송두리째 바꿔놓을 수 있다. 사랑의 파장이 자신의 세계관을 변화시키면, 나 자신뿐 아니라 주변 사람들에게도 많은 영향을 끼치게 된다. 더이상 피해 의식에 빠지거나 외롭고 단절된 감정을 느낄 일이 없다. 내가 모든 존재와 연결되어 있음을 존중하게 될 것이다.

이 수련으로 내면의 힘 그리고 세상과 하나로 연결된 자신을 발견하게 될 것이다. 더 이상 외부에서 행복과 자존감을 찾으려고 할 필요가 없다. 사랑의 존재와 하나 될 때 자신이 무척 선하고 사랑받을 만하며 강하다는 사실을 깨닫는다. 자신의 진정한 모습을 기억하는 것이다. 이것이 이 책을 읽는 여러분의 임무다.

자신의 진실과 만나는 사람이 많아질수록 단절은 사라진다. 사랑과 일체감이 있는 곳에 판단과 공격성은 공존할 수 없다. 깨우친 존재의 빛 속에서 공포와 두려움은 살아남을 수 없다. 수많은 사람의 의식이 한꺼번에 깨어날 때 우리가 알던 세상은 기적처럼 달라질 것이다. 지금 이 시대를 사는 우리는 깨어 있어야 한다. 세상과 소통하는 것은 우리의 권리이며, 진실을 회복하는 것이 우리의 소명이다. 이 시대를 변화시키기 위해 우리의 삶에서 소명을 실천해 나가야 한다.

이것이 우리가 여기까지 온 이유다. 두려움을 뒤로하고 사랑을 되새기는 여행을 시작하는 것, 한 사람 한 사람이 이를 깨달을 때 세상에 빛이 쏟아질 것이다.

옮긴이 | 변희정

성균관대학교에서 영문학과 사학을 전공하고 평범한 직장인으로 살다가
마음에 울림을 주는 일을 하며 행복을 찾으려고 번역 세계에 뛰어들었다.
글밥 아카데미 수료 후 바른번역 소속 번역가로 활동 중이다. 옮긴 책으로
《샤틀레 행복론》이 있다.

**생각·비판·분노·두려움으로
가득 찬 내 마음 해독법**

판단 디톡스

초판 인쇄 2019년 2월 25일
초판 발행 2019년 3월 5일

지은이   가브리엘 번스타인
옮긴이   변희정
펴낸이   진영희
펴낸곳   (주)터치아트
출판등록   2005년 8월 4일 제396-2006-00063호
주소   10403 경기도 고양시 일산동구 백마로 223, 630호
전화번호   031-905-9435 팩스 031-907-9438
전자우편   touchart@naver.com

ISBN 979-11-87936-24-4 13190

* 이 책 내용의 일부 또는 전부를 재사용하려면 반드시 저작권자와
  (주)터치아트의 동의를 얻어야 합니다.
* 책값은 뒤표지에 표시되어 있습니다.

* 이 도서의 국립중앙도서관 출판시도서목록(CIP)은
서지정보유통지원시스템 홈페이지(http://seoji.nl.go.kr)에서
이용하실 수 있습니다. (CIP제어번호:CIP2019004756)